ETOILES 1

GILLIAN TA

Au college

NUMÉRO 1
Bonjour!   3

Bonjour et au revoir
à 10
C'est qui?

NUMÉRO 2
A, B, C...   9

Salut! Je m'appelle . . .
Ça s'écrit . . .

NUMÉRO 3
La rentrée   16

Dans la salle de classe
Qui a quoi?
Les âges

NUMÉRO 4
C'est quand, mon anniversaire?   22

C'est à qui?
1 à 31
La date
Les anniversaires

NUMÉRO 5
En semaine   28

Les classes
Les jours
L'emploi du temps

NUMÉRO 6
24 heures   36

L'heure
32 à 69

Chez moi

NUMÉRO 7
Pas de frères, pas de sœurs?   42

Comment s'appelle ton frère?
Quel âge a ta sœur?

NUMÉRO 8
Ma famille— et d'autres animaux   47

Les animaux
Les descriptions

NUMÉRO 9
Tu habites où?   59

69+
Les adresses
C'est où?

NUMÉRO 10
En ville   68

Où on va
Les bâtiments

NUMÉRO 11
À la maison   78

Les pièces
Dans les pièces

NUMÉRO 12
Idées cadeaux!   89

Qui voudrait quoi?
C'est cher?

Ma journée

NUMÉRO 13
Mmm, c'est bon!   99

On mange et on boit
Les parfums

NUMÉRO 14
J'aime   110

J'adore, je déteste, je préfère
Des opinions

NUMÉRO 15
À table   120

Les repas
Les plats

NUMÉRO 16
Ta journée   131

La routine

NUMÉRO 17
Activités   139

Les passe-temps
Les sports
Les préférences

NUMÉRO 18
Ah, le beau temps!   146

Le temps qu'il fait
Les excursions

Published by BBC Books and Longman Group UK Limited

BBC Educational Publishing
a division of
BBC Enterprises Limited
Woodlands
80 Wood Lane
London W12 OTT

Longman Group UK Limited
Longman House, Burnt Mill
Harlow, Essex CM20 2JE
England
and Associated Companies
throughout the World

First published 1992
Third impression 1992
© BBC Enterprises Limited/Longman Group UK Limited 1992

ISBN 0 582 038677

The publisher's policy is to use paper manufactured from
sustainable forests.

Set in 10/11 pt Souvenir Light (Linotron)
Printed in Hong Kong.
GC/03

Acknowledgements

Designed by Glynis Edwards.

Illustrated by Martin Shovel, Bill Piggins, Jerry Collins, Peter Edwards,
Philippe Burel, Benoît du Peloux and Jean-François Henry.

The authors would like to thank Collette Biggs and Sarah Langman of
Longman for their support and creativity; Liz Edwards and her family
in France; the teachers and advisers who gave contributions and
suggestions, especially Jim Fisher, Oliver Gray, Barbra Heptinstall, Carl
James, John Lemon, Adrian Sewell, Anne-Marie Singer, Michael J. Smith
and Cathy Wood; and of course all the schools who piloted these materials
in draft form.

The publishers would like to acknowledge BBC School Television for their
cooperation in the making of this book.

Caroline Godley   series producer

We are grateful to Bayard Presse International for permission to reproduce
extracts from Okapi Supplement 417, 1-5 April 1989 and Supplement 320,
15-30 March 1985 and adapted extracts from Okapi Supplement 324, 15-
31 May 1985 and Supplement 421, 1-15 June 1989.

We are grateful to the following for permission to reproduce photographs
and other copyright holders:
© ADAGP, Paris & DACS, London 1992, page **83** *above left* (The Art
Institute of Chicago); Ace Photo Agency, pages **48**, **68** *above left*
(Norman Browne), **68** *above centre* (Mauritius Bildagentur), **68** *above
right* (Barry Beattie), **68** *below left* (PL1), **69** *below left* (Rolf Richard-
son, **77** *above centre right* (Norman Browne), **79** *above centre right*
(Roger Howard), **108** *below left* (Roger Howard), **108** *below right* (Tim
Motion), **153** *above left* (John Panton), **153** *below centre* (Ronald Toms),
153 *below right* (Chris Kapolka); Heather Angel, pages **59** *centre right,*
59 *below right*; BBC School Television, page **69** *centre right*, Office de
Tourisme, Bayeux, pages **77** *above centre left*, **77** *below centre left*, **77**
below left; Roger Blachon, page **124-5**; J. Allan Cash, pages **38** *above
left*, **79** *below left*; from: pg 51, Tintin, Le Tresor & Rackham Le Rouge,
© Herge/Casterman, page **110** *above and below right*; Cephas Picture
Library, page **132** *below left* (Nigel Blythe); © DACS 1992 (Bridgeman)
page **83** *below*; © SPRL JEAN ROBA, DARGAUD BENELUX SA, page
110 *below centre*; © DEMART PRO ARTE BV/DACS 1992, page **83** *above
right* (Bridgeman); Documentation Française, pages **77** *above right*
(Port Autonome Dunkerque), **84** *below* (Daniele Taulin-Hommell), **151** *above*
(SCE Premier Ministre); from: title page, Gaston LaGaffe, La Saga des Gaffes,
Dupuis, 1982, page **110** *below left*; David Edwards, pages **87** *right*, **87**
left, **107** *below left*, **107** *below centre*, **107** *below right*; Explorer,

pages **79** *below right* (Wolf), **84** *centre* (P. Tetrel), **102** *centre* (Ch.
Errath); **154** (H. Veiller); Fovea, page **43** *background*; French Government
Tourist Office, page **59** *above left, above right*; Gamma Press Images
(Boisvieux), page **133** *above*; Richard Gardner, page **35** *right*; Brendan
Hearne, pages **60** *above centre*, **60** *above right*, **60** *centre left*, **60** *below
centre*, **151** *below*, **153** *above right*, **153** *centre*; Michael Holford, pages
53, **54**, **55**; The Hulton-Deutsch Collection, pages **51**(c), **51**(F), **51**(H),
138 *right*; The Hutchinson Library, page **60** *below left*; The Image Bank,
pages **76** *left*, **132** *above* (Giuliano Colliva), **138** *left* (Giuliano Colliva);
Andrew Lambert, page **59** *below centre*; Frank Lane Picture Agency,
pages **148** *centre right* (N.T. Info Service), **148** *below left* (R.P. Lawrence);
London Features International, pages **51**(E) (Curtis), **51**(G) (Dave Lewis);
The London Planetarium, page **101** *above*; Magnum Photos, page **132**
below right (Richard Kalvar); reproduced with permission of Michelin
from Motoring Atlas France 1991, page **60** *background*; Phosphor 22,
page **111**; Picturepoint, pages **69** *centre left*, **70** *centre*, **77** *below right*,
78 *below*, **78** *above right*, **79** *centre left*, **106**(6), **107** *above*, **108** *above
left*, **108** *above right*, **133** *below*; Marco Polo, pages **79** *below centre
right* (Ph. Halle), **103** *above*, **123** *below* (Ph. Halle) **150**; Marco Polo/
F. Bouillot, pages **28**(B,C,D,E,F), **31**, **60** *centre*, **69** *above left*, **89** *centre*,
89 *below*, **123** *centre*, **153** *above centre right*, **153** *below left*; Popperfoto,
page **51**(A); Rex Features, pages **51**(B), **66** *below*; Claude Sauvageot,
page **43** (inset); Science Photo Library, page **101** *centre left* (European
Space Agency); from: pg 74, Histoire Geographie, Secours Populaire
Française, page **49** *above left*; Dorian Shaw, pages **18** *above right*, **66**
above, **79** *above*; Spectrum Colour Library, page **68** *below right*; Tony
Stone Worldwide Photolibrary, pages **38** *below right*, **59** *above left*, **77**
above right (Dominique Le Breton), **94** (Christian Galan), **102** *above left*
(Patrick Besson); Sygma, pages **51**(D) (P. Caron), **65** *above* (Alain
Nogues), **65** *below* (Brucelle); Gillian Taylor, pages **49** *above right*, **49**
below left, **49** *below right*, **67** *above left*, **67** *above right*, **106** *above left*,
123 *above*; The Telegraph Colour Library, pages **101** *centre right*, **101**
below, **108** *above centre*, **148** *above left* (Bill O'Connor), **148** *above right*
(Erica Sulzer-Kleinmeier), **148** *centre left* (F. Lane Agency), **148** *below
right* (Rapho), **149** (Space Frontiers); Valan Photos, pages **70** *below right*
(J.A. Wilkinson), **70** *above* (Kennon Cooke), **70** *below centre* (Michel
Bourque), **70** *below left* (Kennon Cooke), **71** *above right* (Wouterloot-
Gregoire), **71** *above left* (Pierre Kohler), **71** *above centre* (Michel Bourque),
71 *below right*, **71** *below left* (Pierre Kohler); Gouvernement du Québec,
pages **71** *below centre right*, **71** *below centre left*.
We are unable to trace the following copyright holders and would be
grateful for any information that would enable us to do so, pages **4**, **60**
below right.

RadioActive – *Sélection de programmes!* pages 3–5

Carole *la fille invisible – 1er épisode!* page 6

Jeux! page 8

Bonjour!

Radio Active

FM 101 MHZ

PROGRAMMES DE LA RADIO 1

**MUSIQUE
REPORTAGES
JEUX**

**INFORMATIONS
LOCALES ET
TOURISTIQUES**

**CULTURE ET
TRADITIONS
LOCALES**

Feuilleton
en 21 épisodes ▶

RadioActive
présente:
**Les aventures de
la famille Latour**

1er épisode:
Arrivée à Paris

Informations sportives
Les résultats

Présenté par
Caroline Roland
en direct de Nantes.

Caroline Roland

Football:
Championnats de
France

Résumé de la 8e journée
du championnat de 1ére
division.

Résultats des matchs
St-Étienne – Nancy
Nice – Rennes
Toulouse – Monaco
Lille – Bordeaux
Toulon – Nantes

1 *La famille Latour
arrive à Paris.*

2 *Saïda Ibrahim et
Marie-Isabelle Latour.*

La famille Latour et la famille Ibrahim

3 Garçons et filles.

1 Marie-Isabelle Latour

2 Mahmoud Ibrahim

3 'Dédé'
André Latour

4 'Jéjé'
Jérôme Latour

5 'Bébé'
Dorothée Latour

6 'Loulou'
Louise Latour

7 Saïda Ibrahim

4 Parents et grands-parents.

3 'Mémé'
Mme Agnès Latour

1 'Maman'
Mme Jacqueline Latour

2 'Pépé'
M. Jules Latour

4 'Papa'
M. Ahmed Ibrahim

Jeu

Questions, questions!

Jean-Pierre Dubois pose trois questions.

Marie Dupont

Régis Bouffort

Feuilleton

Les aventures de la famille Latour

2e épisode: Jéjé et les mathématiques

JEUX

SEXTUPLÉS SURPRISE!

Six anagrammes

C'est qui?

Garçons	Filles
1 LEJUS	**4** BELELISA
2 DANRÉ	**5** NACORLIE
3 REPIER	**6** THÉODORE

MATHÉMATIQUES EN SYMBOLES

★ = ? ● = ? ▮ = ? ◣ = ?

a ★ + ★ + ● = **cinq**

b ★ + ● + ▮ = **six**

c ★ + ● + ◣ = **huit**

d ★ + ▮ + ◣ = **sept**

e ★ + ● + ▮ + ◣ = **???**

Conversations

1 C'est qui?

Ça, c'est Dédé?

Oui, c'est ça.

Et ça, c'est Loulou?

Non, c'est Marie-Isabelle.

Et ça?

Je ne sais pas.*

*C'est Albert (page 36)!

2 Bonjour et au revoir

Informations

1	un	6	six
2	deux	7	sept
3	trois	8	huit
4	quatre	9	neuf
5	cinq	10	dix

A, B, C...

Glaucor – garçon monstre! page 11

Jéjé déteste A, B, C ... page 14

Dédé à la télé! page 15

À SUIVRE...

Feuilleton
Les aventures de la famille Latour
3e épisode: Dédé Latour et ... Francine

1 *Qui arrive? C'est Francine.*

2 *Dédé dit ‹Pardon!› à Francine.*

3 *C'est Dédé? Ah non, c'est Marie-Isabelle.*

4 *L'imagination de Francine!*

Feuilleton

Les aventures de la famille Latour

4ᵉ épisode: Jéjé et l'alphabet

1 *A, B, C, D ... Jéjé déteste ça!*

2 *La classe de Jéjé répète les initiales des animaux.*

Feuilleton
Les aventures de la famille Latour
5ᵉ épisode: Dédé à la télévision

1 *Marie-Isabelle aide Jéjé.*

2 *Dédé et le 'Jeu des Hexagones'.*

Conversations

Rentrée choc *pour* Marie-Isabelle! page 19

Jeu de mathématiques participez à la page 19!

Tout pour la rentrée page 18

La rentrée

Jeu téléphonique
Jeu de mathématiques

Jean-Pierre donne deux exemples à Caroline ...

Voilà un exemple, écoute: sept ... six ... cinq ...

Sept ... six ... cinq ... QUATRE!

Alors, encore un exemple, voilà: un ... trois ... cinq ...

Un ... trois ... cinq ... six ...

Ah non!

SEPT!

Et *RadioActive* pose trois questions de mathématiques au téléphone ...

Feuilleton
Les aventures de la famille Latour

6e épisode: Loulou et Marie-Isabelle au collège

Septembre – la rentrée des classes!
Eh oui, c'est l'école: l'école primaire de 6 à 11 ans;
et le CES (collège d'enseignement secondaire) de 11 à 15 ans.

1 *Le 15 septembre, c'est la rentrée pour Loulou et Marie-Isabelle.*

2 *Mahmoud demande ‹Tu as quel âge?›*

3 *C'est qui, la timide? Loulou ... ou Marie-Isabelle?*

LA RENTRÉE EN FOLIE

Observe bien!

1 Il y a ☐4 ☐6 ☐8 ☐10 cahiers?

2 Il y a ☐0 ☐2 ☐4 ☐6 trousses?

3 Il y a ☐6 ☐12 ☐15 ☐20 stylos?

4 Il y a ☐5 ☐10 ☐15 ☐20 crayons?

5 Il y a ☐2 ☐6 ☐10 ☐20 feutres?

6 Il y a ☐5 ☐7 ☐9 ☐11 gommes?

Conversations

1 Tu as...?

2 Tu as quel âge?

3 C'est quoi?

4 Il y a quoi dans la trousse?

Informations

un feutre

un magnétophone

un cahier

un sac

un garçon

un stylo

un crayon

un livre

1 un...

une trousse

une fille

une gomme

une chaise

une règle

une boîte

une corbeille à papier

une fenêtre

2 une...

3

0	zéro		
1	un	11	onze
2	deux	12	douze
3	trois	13	treize
4	quatre	14	quatorze
5	cinq	15	quinze
6	six	16	seize
7	sept	17	dix-sept
8	huit	18	dix-huit
9	neuf	19	dix-neuf
10	dix	20	vingt

4 Pluriels

un dinosaure   deux dinosaures

5 J'ai, tu as...

J'**ai**	... ans.
Tu **as**	une gomme.
Paul **a**	deux dinosaures.
Suzanne **a**	un sac de sport.

C'est quand, ton anniversaire?

C'est un mois long?
Aide-mémoire page 24

Carole, la fille invisible
page 26

MICRO MOBILE

Dans un casino

Jean-Pierre,
dans un casino
avec le Micro Mobile,
regarde un jeu de dés.

Un jeu de dés dans un casino.

C'est un mois long?

Septembre a 30 jours ... ou 31 jours? Et novembre?
Tu ne sais pas?

Regarde bien:

| mars | mai | juillet | | août | octobre | décembre |
| 31 jours | 31 jours | 31 jours | | 31 jours | 31 jours | 31 jours |

janvier | février | avril | juin | | | septembre | novembre
31 jours | 28 ou 29 | 30 jours | 30 jours | | | 30 jours | 30 jours
| jours | | | | |

= 28,29 ou 30 jours

= 31 jours

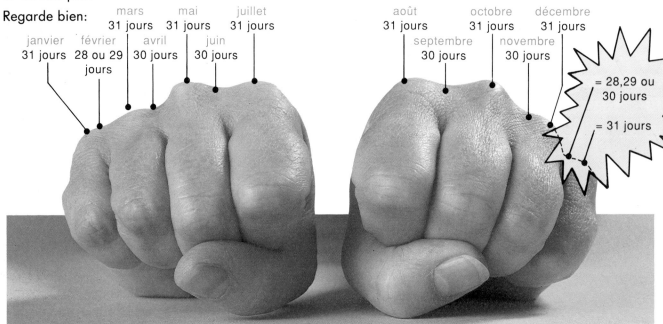

Feuilleton

Les aventures de la famille Latour

7e épisode: L'anniversaire de Loulou

Un, deux, trois,
Allons dans les bois.

Quatre, cinq, six,
Cueillir des cerises.

Sept, huit, neuf,
Dans un panier neuf.

Dix, onze, douze,
Elles seront toutes
rouges.

Un, deux, trois,
Les petits soldats.

Quatre, cinq, six,
Qui font de
l'exercice.

Sept, huit, neuf,
Qui font la
manœuvre.

Dix, onze, douze,
Ils ont le nez rouge.

1 *Marie-Isabelle met la radio.*

2 *À l'école, Jéjé récite deux comptines.*

3 *La classe de Jéjé récite les 12 mois de l'année.*

4 *Loulou rentre du collège.*

Conversations

1 C'est à qui?

2 Bon anniversaire!

Informations

1 un → le,   une → la

Voilà **un** garçon et **une** fille.
Le garçon, c'est Zic, et **la** fille, c'est Carole.

2 La date

C'est le	premier	janvier.
		février.
	deux	mars.
	...	avril.
	vingt et un	mai.
	vingt-deux	juin.
	vingt-trois	juillet.
	vingt-quatre	août.
	vingt-cinq	septembre.
	vingt-six	octobre.
	vingt-sept	novembre.
	vingt-huit	décembre.
	vingt-neuf	
	trente	
	trente et un	

En semaine

Au collège en France
pages 28 et 31

L'escalier et la chute
un jeu page 30

Carole en danger!
page 33

JEUX

UNE ÉNIGME

C'est quoi? Trouve le mot de 10 lettres!

Mon premier est dans *pépé* et *papa* – mais pas dans *maman*!
Mon deuxième est dans *trois* et *quatre* – mais pas dans *cinq, six, sept, huit*!
Mon troisième est dans *octobre, novembre* – mais pas dans *décembre, janvier*!
Mon quatrième est dans *France* et *français* – mais pas dans *anglais*!
Mon cinquième est dans *janvier* et *juillet* – mais pas dans *mars, avril, mai, juin*!
Mon sixième est dans *six, sept* – mais pas dans *huit, neuf, dix*!
Mon septième est dans *stylo* et *trousse* – mais pas dans *crayon*!
Mon huitième est dans *âge* et *anniversaire* – mais pas dans *ans*!
Mon neuvième est dans *deux* et *douze* – mais pas dans *dix, onze*!
Mon dixième est dans *treize, quatorze* – mais pas dans *quinze, seize, dix-sept*!

Mon tout est dans la classe. C'est le ...?

Les classes, en France

J'ai 11 ans. Je suis en sixième.

J'ai 12 ans. Je suis en cinquième.

J'ai 13 ans. Je suis en quatrième.

J'ai 14 ans. Je suis en troisième.

J'ai 15 ans. Je suis en seconde.

J'ai 16 ans. Je suis en première.

COLLÈGE

LYCÉE

11 à 12 ans: en classe de sixième.

12 à 13 ans: en classe de cinquième.

13 à 14 ans: en classe de quatrième.

14 à 15 ans: en classe de troisième.

15 à 16 ans: en classe de seconde.

16 à 17 ans: en classe de première.

Jeu

Première classe!

Calais contre *RadioActive*! Jean-Pierre pose des questions à deux filles et un garçon à Calais; Caroline pose des questions à deux garçons et une fille dans le studio de *RadioActive*. Il y a des questions de géographie et de sciences et des questions sur la nature.

L'équipe de Calais, et l'équipe de RadioActive

Actualités

Spectacles de la semaine

Jean-Pierre annonce des spectacles dans la région et un match international.

Feuilleton

Les aventures de la famille Latour

8e épisode: Vendredi 13

1 *Mémé dit ‹Pas de télévision!›*

2 *L'imagination de Marie-Isabelle.*

3 *On arrive au collège le vendredi 13.*

L'ESCALIER ET LA CHUTE

Voilà un collège; c'est le mois de septembre – la rentrée!
Lance le dé.

Tu as un 6? Bravo – tu es en sixième! Dis ‹Je suis en
sixième!› et entre au collège à l'ENTRÉE. Reste dans la
case numéro 1.

Quand c'est encore à toi, lance le dé, et si tu as un 1 (un
‘As’), un 2, un 3, un 4, ou un 5 dis ‹Je suis en
première!› (en seconde, en troisième, en quatrième, ou
en cinquième) et avance d'1, de 2, de 3, de 4 ou de
5 cases. Si tu as un 6, dis ‹Je suis en sixième›, avance de
6 cases, *et* relance le dé.

À la case numéro 36, quitte le collège … HOURRA!

ATTENTION!

Si tu arrives à un escalier

tu montes

mais si tu arrives à une chute

tu tombes

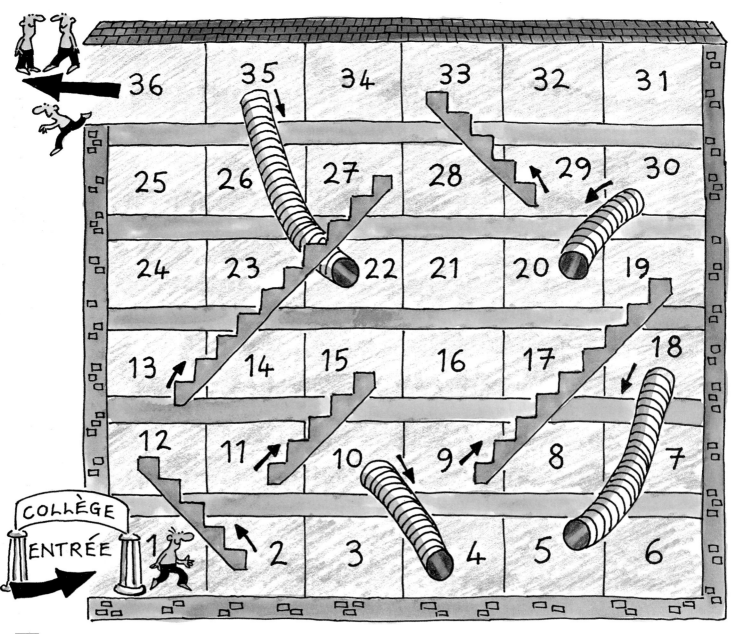

Il y a quoi à la télé?

Complète avec des programmes de télévision:

En Grande-Bretagne, il y a quoi à la télé le lundi?
Et le mardi?
Et le mercredi?
Et le jeudi?
Et le vendredi?
Et le samedi?
Et le dimanche?

Le lundi, il y a ...
Le mardi, il y a ...
Le mercredi, il y a ...
Le jeudi, il y a ...
Le vendredi, il y a ...
Le samedi, il y a ...
Le dimanche, il y a ...

Un emploi du temps français

En France, on a cours le lundi, le mardi, le jeudi, le vendredi et le samedi. Pas le mercredi.

En Grande-Bretagne, on a cours le lundi, le mardi, le mercredi, le jeudi et le vendredi. Pas le samedi.

Voilà l'emploi du temps d'une classe de sixième (la classe 6ᵉD) dans un collège en France. Le lundi matin, on a quatre heures de cours: deux heures d'ÉPS (éducation physique et sportive), une heure d'anglais et puis une heure de mathématiques.

Et le lundi après-midi, on a trois heures de cours:
une heure de français, une heure de dessin et une heure d'histoire. C'est long!

En sixième et en cinquième on a aussi sciences, géographie, musique, et ÉMT (éducation manuelle et technique).

Et ÉTUDE, c'est quoi?

En étude, on révise la géographie ou l'histoire,
ou on finit un exercice d'anglais ou un problème de maths,
ou on écrit une composition de français,
ou on prépare une leçon de sciences, etc. ... en silence.

6D	8-9h.	9-10h.	10-11h.	11-12h.		14-15h.	15-16h.	16-17h.
Lundi	ÉPS		Anglais	Maths		Français	Dessin	Histoire
Mardi	Sciences Physiques	Sciences Naturelles		Géographie		Français	Musique	
Jeudi	Anglais	Étude	ÉMT				Étude	Étude
Vendredi		Maths	ÉMT	Français		Histoire	Français	ÉPS
Samedi	Étude	Maths	Français	Anglais				

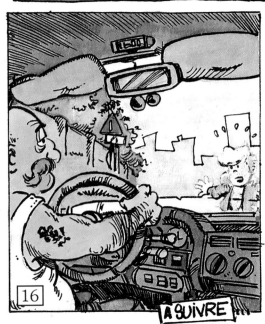

Conversations

1 Tu es en quelle classe?

> Moi, je suis en sixième.
> Mahmoud est en cinquième.

> Moi, je suis en septième année.
> Sue est en huitième année.

2 C'est quel jour aujourd'hui?

> C'est lundi aujourd'hui.

3 On a quoi, lundi?

> Lundi matin, on a sciences et géographie.
> Lundi après-midi, on a français et ÉPS.

Informations

1 Positions, ordres

premier, première
deux**ième** = seconde
trois**ième**
quatr**ième**
cinqu**ième**
six**ième**
sept**ième**
huit**ième**
neu**vième**
dix**ième**

numéro + ième:
position, ordre.

2 Jours de la semaine

Lundi, mardi, mercredi,
Jeudi et puis vendredi,
Samedi et dimanche.

3 Matin – après-midi

le matin **l'après-midi**

4 on

En France, on a cours le samedi.
En Grande-Bretagne* on a cours le mercredi.

En anglais, on = 'we' ou 'they'.

5 Matières

anglais	maths (= mathématiques)
français	musique
histoire	dessin
géographie	sciences
EMT (= éducation manuelle et technique)	
ÉPS (= éducation physique et sportive)	

6

L'ANGLETERRE

ANGLETERRE
Londres

LA GRANDE-BRETAGNE*

ÉCOSSE
Édimbourg
PAYS DE GALLES
Cardiff
Londres
ANGLETERRE

LE ROYAUME-UNI

IRELANDE DU NORD
ÉCOSSE
Édimbourg
Belfast
Dublin
EIRE
PAYS DE GALLES
Cardiff
Londres
ANGLETERRE

24 heures

Il est quelle heure ...
en Europe ... en Afrique ...
en Amérique? page 37

Carole est sauvée! page 39

PROGRAMMES DE LA RADIO 6

MICRO MOBILE

Le chien robot

Jean-Pierre Dubois regarde une invention de M. Jacques Normal.

Le chien robot, invention de M. Normal.

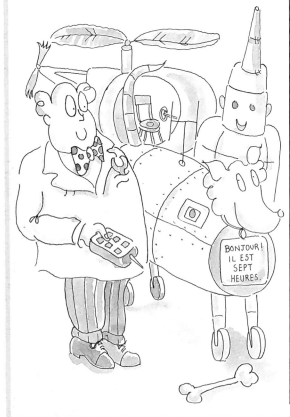

Feuilleton

Les aventures de la famille Latour

9e épisode: Albert téléphone à Marie-Isabelle

Albert a 17 ans – et il adore Marie-Isabelle!

1 *Albert cherche le numéro de téléphone de Marie-Isabelle.*

2 *Samedi, il y a un film comique ...*

3 *Marie-Isabelle arrive à la disco ... avec Maurice.*

Fuseaux horaires

Quelle heure est-il en Europe? En Afrique? En Amérique?

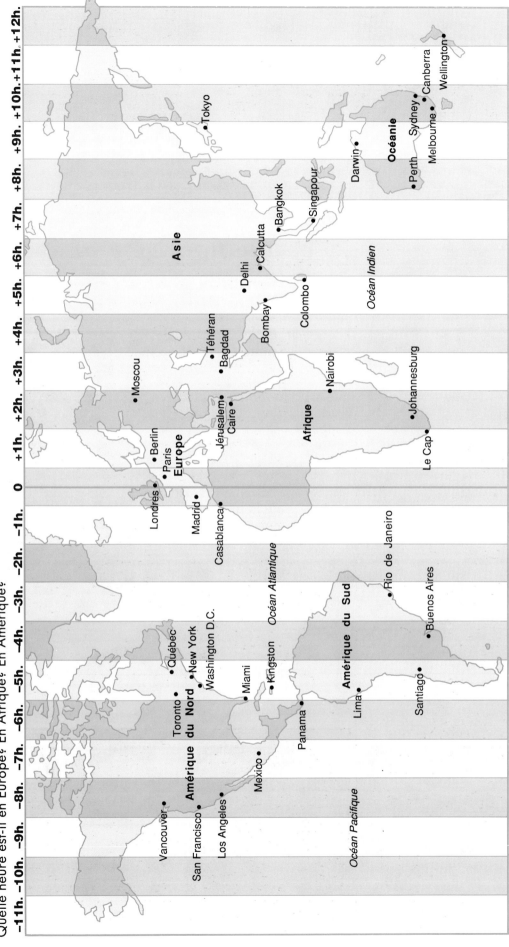

Londres est dans le fuseau 'O h.' ou 'zéro heures',
et Paris est dans le fuseau '+1 h.' ou 'plus une heure'.
Alors, quand il est 8 heures à Londres,
à Paris il est 8 heures + 1 heure = 9 heures.

New York est dans le fuseau '−5 h.'. Alors, quand il
est 8 heures à Londres il est 3 heures à New York.

Une horloge universelle ...

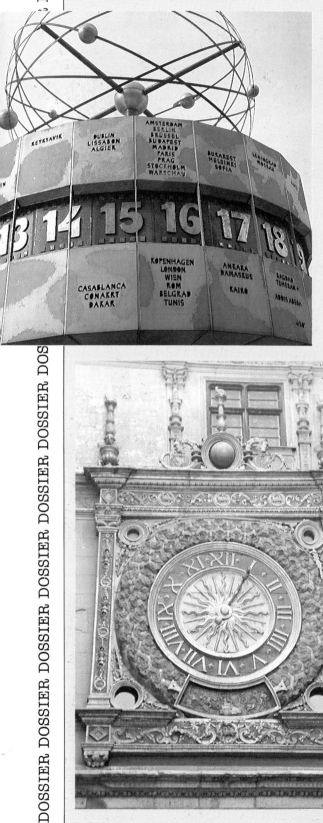

Voici l'horloge universelle sur l'Alexanderplatz à Berlin.

Il est 15 heures à Casablanca au Maroc, il est 16 heures à Berlin en Allemagne et il est 17 heures au Caire en Égypte. Mais quelle heure est-il à Washington D. C. (fuseau horaire -5 h.)?

... et une horloge à une aiguille!

Une horloge a deux aiguilles: une petite aiguille qui indique les heures, et une grande aiguille qui marque les minutes. C'est normal!

Mais une horloge à *une* aiguille, ça c'est différent! Voici le Gros-Horloge à Rouen en France. L'aiguille est sur 'I': il est une heure précise.

▼

Maintenant, il est ▶ une heure et demie (1 heure 30.)

Regardez les dessins **a–i** du Gros-Horloge à Rouen. Quelle heure est-il?

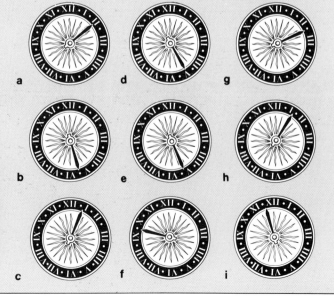

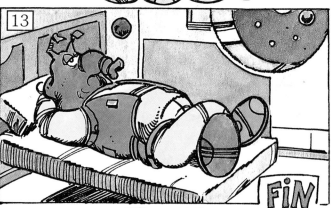

Conversations   Informations

1 Il est quelle heure?

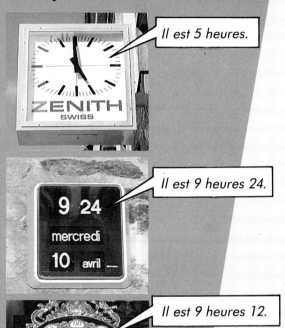

Il est 5 heures.

Il est 9 heures 24.

Il est 9 heures 12.

1 Les numéros

0 zéro		
1 un	**21** vingt et un	**41** quarante et un
2 deux	**22** vingt-deux	**42** quarante-deux
3 trois	**23** vingt-trois	**43** quarante-trois
4 quatre	**24** vingt-quatre	**44** quarante-quatre
5 cinq	**25** vingt-cinq	**45** quarante-cinq
6 six	**26** vingt-six	**46** quarante-six
7 sept	**27** vingt-sept	**47** quarante-sept
8 huit	**28** vingt-huit	**48** quarante-huit
9 neuf	**29** vingt-neuf	**49** quarante-neuf
10 dix	**30** trente	**50** cinquante
11 onze	**31** trente et un	**51** cinquante et un
12 douze	**32** trente-deux	**52** cinquante-deux
13 treize	**33** trente-trois	**53** cinquante-trois
14 quatorze	**34** trente-quatre	**54** cinquante-quatre
15 quinze	**35** trente-cinq	**55** cinquante-cinq
16 seize	**36** trente-six	**56** cinquante-six
17 dix-sept	**37** trente-sept	**57** cinquante-sept
18 dix-huit	**38** trente-huit	**58** cinquante-huit
19 dix-neuf	**39** trente-neuf	**59** cinquante-neuf
20 vingt	**40** quarante	**60** soixante

2 Neighbours commence à quelle heure?

À 17 heures 35.

2 24 heures

3 quart, demie, moins

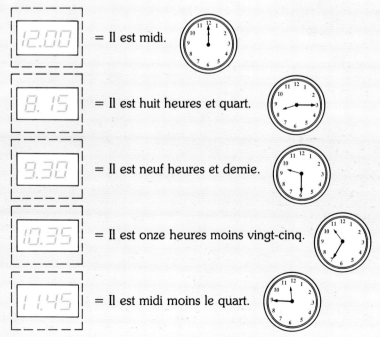

12.00 = Il est midi.

8.15 = Il est huit heures et quart.

9.30 = Il est neuf heures et demie.

10.35 = Il est onze heures moins vingt-cinq.

11.45 = Il est midi moins le quart.

Pas de frères pas de sœurs?

La Chine – Nation future d'enfants uniques! page 4?

Un arbre généalogique page 43

Une nouvelle série – Drôles de bêtes! page 44

Radio ACTIVE

En direct du studio
Familles de grand talent

Caroline Roland invite le public à téléphoner à *RadioActive* et à présenter une ‹famille de grand talent›.

Feuilleton
Les aventures de la famille Latour

10ᵉ épisode: En famille

C'est la première visite d'Albert Monnot à la famille Latour.

Pas de frères, pas de sœurs!

Un problème en Chine   La population de la Chine est énorme –
1 040 000 000 – un milliard, quarante millions – d'habitants!
(Il y a 55 millions d'habitants en France, et 56 millions d'habitants
en Grande-Bretagne.) C'est un problème immense.

Une solution   Le gouvernement a une solution: il limite les
familles et il limite les enfants.

Le gouvernement chinois limite les familles   En France, l'âge
légal minimum du mariage est 18 ans pour un garçon et 15 ans
pour une fille; en Grande-Bretagne c'est 16 ans pour garçons et
filles. Mais en Chine, l'âge légal minimum du mariage est 27 ans
pour un homme et 25 ans pour une femme!

En 1978, le gouvernement chinois limite les bébés   Un
couple marié a *un* bébé – un enfant unique. Quand le bébé est un
garçon, ça va; en Chine, on préfère un garçon. Mais quand le bébé
est une fille, c'est une catastrophe pour la famille; un deuxième
enfant est un crime.

Une nation future d'enfants uniques   Donc, en Chine un enfant
de ton âge n'a pas de frères et n'a pas de sœurs. Un enfant chinois,
c'est un fils unique ou une fille unique.

*Une fille en Chine:
elle n'a pas de frères,
elle n'a pas de sœurs.*

Un arbre généalogique

Voilà un arbre généalogique; c'est l'arbre généalogique de
la famille royale de Grande-Bretagne.

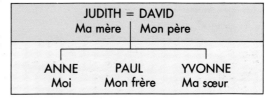

ÉLISABETH = PHILIPPE		GRANDS-PARENTS
reine de Grande-Bretagne	duc d'Édimbourg	

CHARLES = DIANE	ANNE = MARC	ANDRÉ = SARAH	ÉDOUARD
prince de Galles	princesse royale	duc de York / duchesse de York	PARENTS

GUILLAUME	HENRI	PIERRE	ZARA	BÉATRICE	EUGÉNIE	ENFANTS

Compose ton arbre généalogique à toi!

Commence par toi, et continue avec les
parents et les grand-parents, et donne
les noms. Exemple:

JUDITH = DAVID	
Ma mère	Mon père

ANNE	PAUL	YVONNE
Moi	Mon frère	Ma sœur

Kit d'arbre généalogique

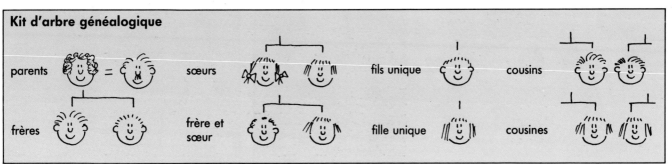

parents   sœurs   fils unique   cousins

frères   frère et sœur   fille unique   cousines

DRÔLES DE BÊTES N°1
SUPERMOUTON-
C'EST UN CHAT? C'EST UN CHIEN? NON! C'EST SUPERMOUTON!

DANS LE CENTRE DE LA FRANCE UN TROUPEAU DE MOUTONS ATTEND PATIEMMENT LE COUSIN CHARLES DE PARIS.

BONJOUR COUSIN CHARLES!

AH! BONJOUR GUY!

VOILÀ MON PÈRE LUCIEN. IL EST GENTIL... TRÈS CALME...

BONJOUR ONCLE LUCIEN

BONJOUR CHARLES!

ET VOICI MA SOEUR MATHILDE... ELLE EST GENTILLE. TRÈS, TRÈS CALME...

TOC

ET MAINTENANT VOILÀ MON FRÈRE. IL S'APPELLE BAPTISTE. IL EST GENTIL ET TRÈS, TRÈS CALME...

MON FRÈRE ANTOINE.

IL EST CALME? ET GENTIL?

SCHPLOK

BÊÊÊ

AH OUI!

QUI EST-CE?

Conversations

1 Parle-moi de ta famille!

J'ai une mère et un père un grand-père
et une grand-mère une sœur et deux frères
des cousins et des cousines

J'ai un chien aussi.

2 Tu as des frères ou des sœurs?
Ou tu es enfant unique?

Je n'ai pas de frères.
Je n'ai pas de sœurs.
Je suis fils unique.

Moi non plus.
Je n'ai pas de frères
et je n'ai pas de
sœurs ...
Moi aussi, je suis
fille unique.

3 Il s'appelle comment?

Voilà mon copain.

Il s'appelle comment,
ton copain?

Il s'appelle Paul.

Tu as une copine?

Oui, voilà ma copine.

Elle s'appelle comment,
ta copine?

Elle s'appelle Anne.

Informations

1 Masculin, féminin

un	frère
mon	père
ton	grand-père
le	cousin
	copain

une	sœur
ma	mère
ta	grand-mère
la	cousine
	copine

2 Je m'appelle

Guillaume – *Victoire à Hastings en 1066* page 53

L'astrologie, *vraie ou fausse?* page 52

Les grandes stars du cinéma? Jeu-test page 51

Ma famille
– et d'autres animaux

Radio **R**ACTIVE

Jeu
Questions, questions!

Le jeu populaire où Jean-Pierre Dubois pose trois questions à deux candidats, une fille et un garçon, dans le studio.

Feuilleton
Les aventures de la famille Latour

11ᵉ épisode:
Le shopping de Pépé

1 *Jéjé et des copains: Mathieu, Sarah, Philippe, Julie et Virginie.*

2 *Pépé adore les animaux.*

3 *Mémé fait une description de la famille à Roro.*

LES COULEURS

Les couleurs de l'arc-en-ciel

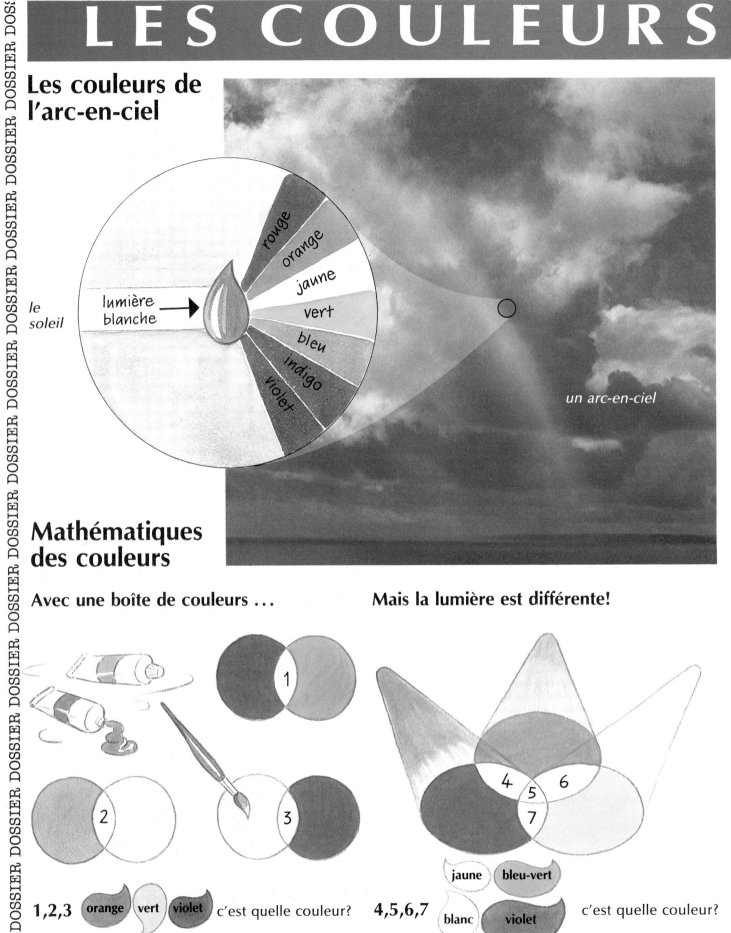

le soleil

lumière blanche

rouge
orange
jaune
vert
bleu
indigo
violet

un arc-en-ciel

Mathématiques des couleurs

Avec une boîte de couleurs …

Mais la lumière est différente!

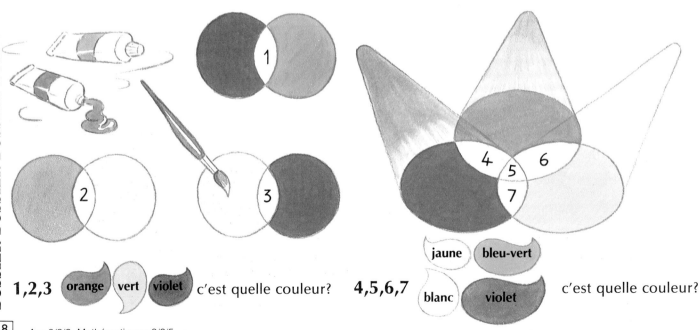

1,2,3 orange vert violet c'est quelle couleur?

4,5,6,7 jaune bleu-vert blanc violet c'est quelle couleur?

La télévision en couleurs

**Une image de télévision,
c'est des lumières minuscules.
Regarde un écran de télévision avec une loupe.**

8 Les petites lumières sont de trois
couleurs. De quelles couleurs?

Ça, c'est différent!

Tu observes bien les couleurs?

1 Un Père Noël vert?
Normalement, il est ...?

2 En France, c'est jaune.
Et en Grande-Bretagne, c'est ...?

3 En France, c'est noir et blanc.
Et en Grande-Bretagne, c'est ...?

4 En France, c'est jaune.
Et en Grande-Bretagne, c'est ...?

5 En France, c'est noir et blanc.
Et en Grande-Bretagne, c'est ...?

L'ARCHE DE NOÉ

Dans l'arche de Noé il y a *dix* couples d'animaux
et *un* animal qui n'a pas de partenaire!
Quel est l'animal qui n'a pas de partenaire?

DESSINE DES ANIMAUX!

1 Dessine un animal blanc.
2 Dessine un animal rouge.
3 Dessine deux animaux noirs et blancs.
4 Dessine deux animaux marron.
5 Dessine deux animaux verts.
6 Dessine deux animaux noirs et blancs.

C'EST QUI, LA STAR DU CINÉMA?

Que sais-tu sur l'histoire du cinéma?

Regarde les photos. Comment s'appelle ...

1 L'acteur américain, très beau, qui est mort très jeune?

2 L'acteur américain, comique, bête et gros, qui était le partenaire d'un acteur anglais, comique, bête et petit.

3 L'actrice américaine, vieille maintenant, mignonne petite star quand elle était tout enfant?

4 Le petit acteur anglais, mort maintenant, qui était la star de beaucoup de films comiques.

5 La belle actrice américaine qui est morte en 1962, à l'âge de 36 ans?

6 L'actrice française qui adore les animaux? Elle était très belle quand elle etait jeune.

7 Le petit acteur américain timide, sympa, mignon et comique.

8 Le cinéaste anglais gros et laid, mort maintenant, célèbre pour ses films d'horreur.

Tu ne sais pas son nom?
Alors, donne la lettre du portrait.

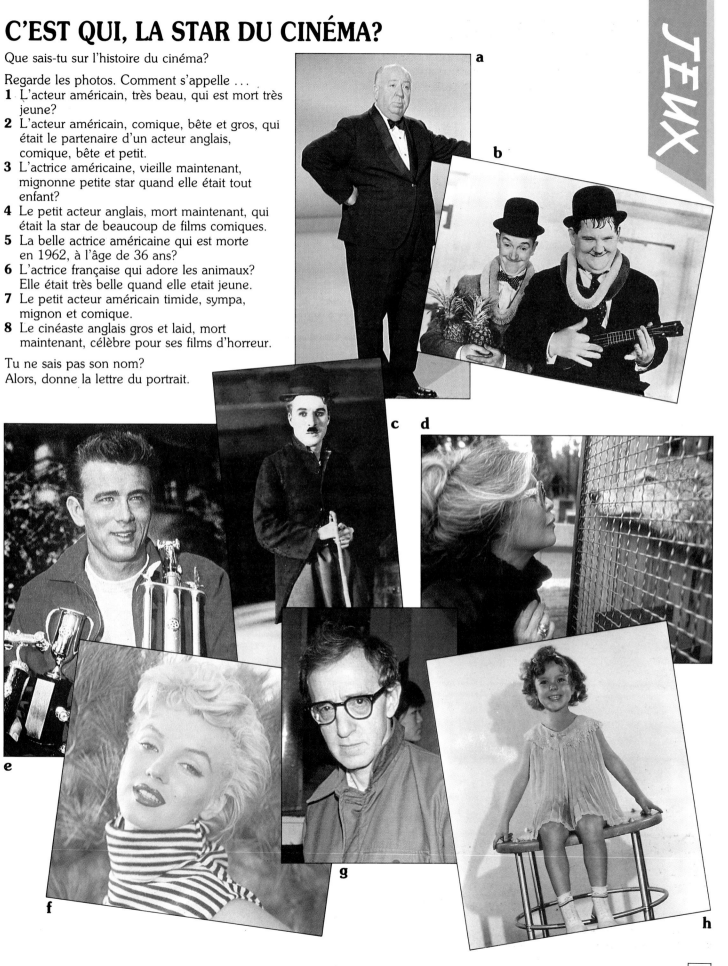

Ta personnalité révélée!

C'est quand, ton anniversaire? Cherche ton signe du zodiaque et trouve ta personnalité – révélée par l'astrologie!

bélier

(21 mars – 20 avril)

Tu es enthousiaste, courageux, indépendant, énergique: tu adores le sport et la compétition.

taureau

(21 avril – 20 mai)

Tu es calme, relaxe, solide, patient ... et obstiné aussi. Tu adores le confort.

gémeaux

(21 mai – 20 juin)

Tu adores les contacts avec les copains, les idées et la communication – la télévision, la radio et la presse.

cancer

(21 juin – 22 juillet)

Tu es inventif et imaginatif mais timide. Tu adores ta famille.

lion

(23 juillet – 21 août)

Tu es une personne ambitieuse. Tu as de grandes idées. Tu es généreux. Attention à la flatterie!

vierge

(22 août – 22 septembre)

Tu es méthodique, réaliste, prudent et timide. Tu adores la solitude.

balance

(23 septembre – 22 octobre)

Tu es un bon copain; tu es sociable, tu as du tact et tu détestes l'injustice. Tu adores aussi la science, les maths et la musique.

scorpion

(23 octobre – 21 novembre)

Tu es calme et réservé, mais tu es agressif aussi. La solitude est importante pour toi.

sagittaire

(22 novembre – 20 décembre)

Tu es loyal, généreux et ambitieux. Tu respectes l'autorité, mais tu adores la justice et la liberté. Tu adores aussi les voyages et l'aventure.

capricorne

(21 décembre – 20 janvier)

Tu es ambitieux, discipliné et sérieux. Tu es une personnalité calme, diplomatique, timide mais déterminé.

verseau

(21 janvier – 19 février)

Tu es intelligent, et tu as des idées originales. Tu adores les copains, la liberté et la justice.

poissons

(20 février – 20 mars)

Tu es artistique. Tu adores la musique, la poésie, l'océan, la solitude, la religion et la nature.

NOTRE-DAME DE PARIS

Victor Hugo, auteur des *Misérables*, a écrit aussi *Notre-Dame de Paris*, une aventure historique et tragique.

Voici les héros, Quasimodo et Esméralda. Quasimodo, un homme laid et difforme, habite dans la cathédrale de Notre-Dame à Paris. Il adore la jeune fille, Esméralda, qui est belle et gentille. Il aide la courageuse Esméralda quand elle est condamnée à mort par erreur – mais en vain! Quasimodo aussi est courageux; à la fin, Quasimodo trouve la mort aussi.

La bataille de Hastings

D'après la *Tapisserie de la reine Mathilde* à Bayeux, en Normandie.

> Moi, je suis Guillaume, duc de Normandie.
> Je suis Français. J'ai 38 ans.
> Mon père était duc de Normandie, mon grand-père et mon arrière-grand-père aussi.

> Je m'appelle Harold. Je suis Anglais. J'ai 40 ans. Mon père était comte de Wessex, un homme très important. Moi aussi je suis très important. Ma sœur est la femme du roi Edouard.

> Moi, je suis Édouard, roi d'Angleterre. Mon père était roi d'Angleterre aussi, mais ma mère était Française. Mon grand-père était duc de Normandie. Guillaume, duc de Normandie, est mon cousin … enfin, une sorte de cousin. J'ai une femme, Edith, mais je n'ai pas d'enfants. Je suis vieux – j'ai 60 ans.

La bataille de Hastings

1 En Normandie

Tiens, Harold! Salut! Harold, tu es mon copain.

Ah, oui, Guillaume. Je suis ton copain.

Ton copain? Hmm. Ça dépend.

2 À Westminster, en Angleterre

Harold? Harold?

Oui, sire, je suis là.

Harold, je n'ai pas de fils, je n'ai pas de fille, et je suis vieux.

Édouard n'a pas d'enfants, il n'a pas de frère. Il a un cousin, mon copain Guillaume. Mais Guillaume est en Normandie ...

3

Écoute Harold, je donne l'Angleterre à mon cousin Guillaume.

Oui, sire.

Non, sire.

4 Janvier, 1066

Au revoir, Harold. Je répète: l'Angleterre est à Guillaume.

Adieu, sire.

5 Le roi est mort ...

6

7 ... et Harold est roi.

Attention! Une comète! Danger!

Aha! Regarde! L'Angleterre est à moi! Moi!

8 Bayeux, Normandie

9 Septembre, 1066

L'armée de Guillaume arrive en Angleterre.

11 Hastings, en Angleterre

12 Le samedi, 14 octobre

Il y a une grande bataille ...

13 ... et Harold est mort.

L'Angleterre est à Guillaume, Guillaume le Conquérant.

Conversations

1 Tu as des animaux?

J'ai un chat.

Je n'ai pas d'animaux.

2 De quelle couleur est ton oiseau?

Mon oiseau est rouge et bleu.
Il est jaune aussi.

3 Comment est ton chien?

Il est grand et gros.

Informations

1 Des animaux

un animal

des animaux

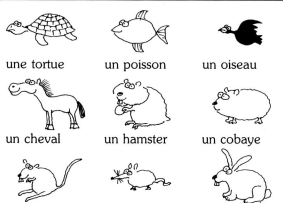

une tortue   un poisson   un oiseau

un cheval   un hamster   un cobaye

une gerboise   une souris   un lapin

2 Des couleurs

violet   noir   blanc   gris   marron

rouge   orange   jaune   vert   bleu

3 Descriptions

J'ai **un** …		
Mon …	est	grand.
Ton …		petit.
Le …		intelligent.
Il …		beau.
		laid.
		vieux.
		gros.
		mort.
		mignon.
		méchant.
		blanc.

J'ai **une** …		
Ma …	est	grand**e**.
Ta …		petit**e**.
La …		intelligent**e**.
Elle …		be**lle**.
		laid**e**.
		vie**ille**.
		gros**se**.
		mort**e**.
		mignon**ne**.
		méchant**e**.
		blanch**e**.

4 Des adjectifs

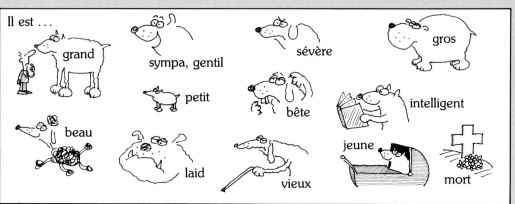

Il est …

grand   sympa, gentil   sévère   gros

beau   petit   bête   intelligent

laid   vieux   jeune   mort

Paris! **page 60**

L'Europe des douze **page 65**

Drôles de bêtes n° 3: – James Bouc, agent secret **page 62**

Tu habites où?

CENT

- Un **cent**imètre = 1/100 mètre (le centième d'un mètre)
- Un **cent**ilitre = 1/100 litre (le centième d'un litre)
- Au Canada, *a* **cent** = 1/100 dollar (le centième d'un dollar)
- En mathémathiques: le symbole % = pour **cent**
- En anglais, *a* **cent**ury = cent ans

En 1989 la tour Eiffel a 100 ans.

A TOI, MAINTENANT!

3 Cinq centimes, c'est de la monnaie française. Et un centime, c'est quoi?

4 En anglais, comment se dit ‹un soldat romain qui est chef d'une troupe de cent hommes›?

5 Et un centipède, il a cent pattes? Hmm … Compte les pattes!

6 Voilà un autre centipède. Il a combien de pattes?

1 En anglais, comment se dit ‹une personne qui a cent ans›?

2 Un thermomètre comme ça, c'est un thermomètre Fahrenheit.

Et un thermomètre comme ça, il s'appelle en anglais *Celsius* ou …?

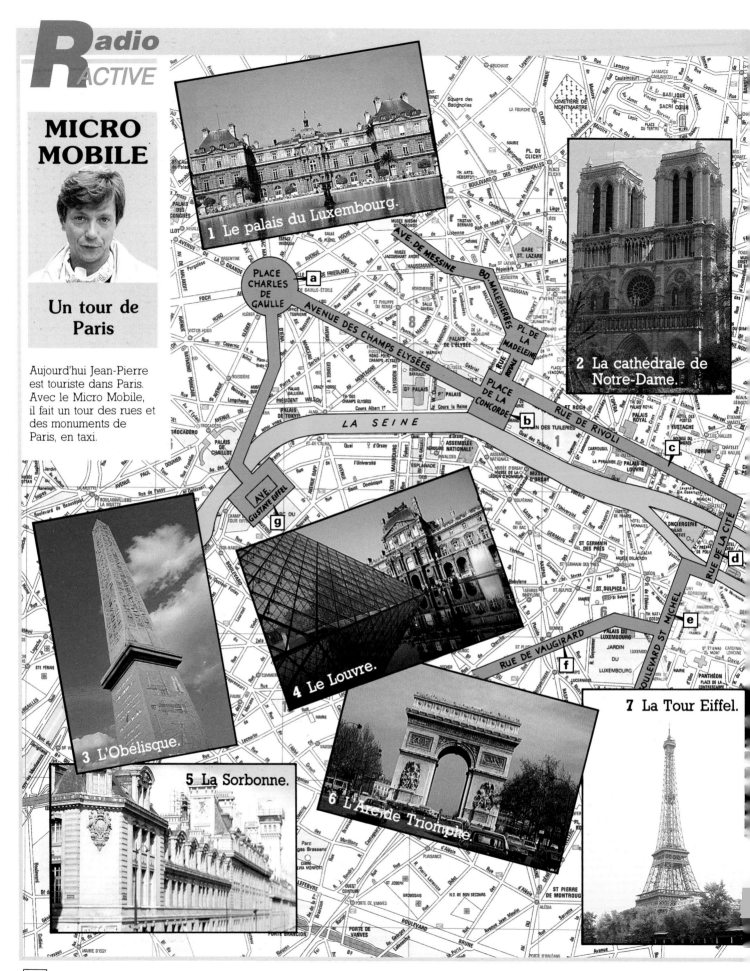

Radio Active

MICRO MOBILE

Un tour de Paris

Aujourd'hui Jean-Pierre est touriste dans Paris. Avec le Micro Mobile, il fait un tour des rues et des monuments de Paris, en taxi.

1 Le palais du Luxembourg.

2 La cathédrale de Notre-Dame.

3 L'Obélisque.

4 Le Louvre.

5 La Sorbonne.

6 L'Arc de Triomphe.

7 La Tour Eiffel.

Concours

Les numéros en question

RadioActive présente un concours de six questions. Caroline pose les questions, et Jean-Pierre offre des options – des numéros! Il y a des questions d'histoire, de mathématiques, et de géographie. Alors, prends un stylo et du papier et écris les six numéros!

Feuilleton

Les aventures de la famille Latour

12e épisode:
Des surprises pour Maman!

1 *Saïda finit un problème de mathématiques, mais Marie-Isabelle préfère la musique.*

2 *Des clients pour l'hôpital – et c'est urgent!*

3 *Un cadeau-mystère arrive pour maman; c'est quoi?*

L'EUROPE

L'Europe, c'est d'abord un continent de 770 millions d'habitants; 1 habitant de la planète sur 7. C'est petit, mais c'est le deuxième continent par sa population, après l'Asie.

l'Islande

Mer de Norvège

la Suède

la Finlande

la Norvège

le Royaume-Uni

Irlande du Nord   l'Écosse

le Danemark

Mer Baltique

Eire

l'Angleterre

les Pays-Bas

la Pologne

le pays de Galles

la Belgique   l'Allemagne

la Tchécoslovaquie

le Luxembourg

la France   la Suisse   l'Autriche la Hongrie

la Roumanie

le Portugal

Yougoslavie

l'Espagne

l'Italie

la Bulgarie

l'Albanie

la Turquie

Mer Tyrrhénienne

la Grèce

Mer Ionienne

Méditerannée

la Tunisie

ALPHABET

On utilise trois alphabets sur le continent européen:

l'alphabet latin, introduit vers 90 avant Jésus-Christ.

l'alphabet grec, créé vers 900 avant Jésus-Christ.

l'alphabet cyrillique, créé au 9e siècle après Jésus-Christ.

PRINCIPAUTÉS

Il y a, en Europe, cinq petits états indépendants à l'interieur de grands pays: les principautés du Liechtenstein (entre la Suisse et l'Autriche), de Monaco (en France) et d'Andorre (entre la France et l'Espagne), et aussi la minuscule République de Saint-Marin (en Italie) et la Cité du Vatican (à Rome), qui est le plus petit état du monde!

L'EUROPE DES DOUZE

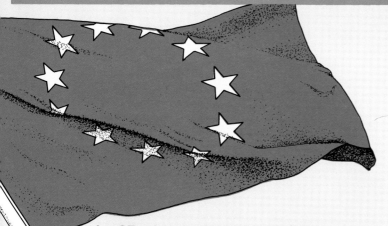

La CE, c'est la Communauté Européenne, formée par douze pays de l'Europe.
Il y a six républiques, et six monarchies.

Dans ‹l'Europe des douze› on parle neuf langues, sans compter les langues régionales (le gallois au pays de Galles, par exemple, ou le basque dans la région des Pyrénées en France et en Espagne).

L'Airbus A 320

Cet avion, mis en service en 1988, a été conçu et fabriqué par la France, la Belgique, l'Espagne et les Pays-Bas.

Le Parlement Européen

Les 518 députés du Parlement Européen sont élus au suffrage universel par tous les citoyens de la CE, depuis 1979. Le siège du Parlement Européen, inauguré en 1977, se trouve à Strasbourg.

La France

Superficie: 547 026 km^2
Population: 55,6 millions d'habitants
Langue: le français
Monnaie: le franc français (FF)
Capitale: Paris
Chef de l'État: le président
Date d'entrée dans la CE: 1957

L' Allemagne

Superficie: 356 655 km^2
Population: 78 millions d'habitants
Langue: l'allemand
Monnaie: le Deutsche Mark (DM)
Capitale: Berlin
Chef de l'État: le président
Date d'entrée dans la CE: RFA – 1957

L' Italie

Superficie: 301 225 km^2
Population: 57,3 millions d'habitants
Langue: l'italien
Monnaie: la lire (LIT)
Capitale: Rome
Chef de l'État: le président
Date d'entrée dans la CE: 1957

Les Pays-Bas

Superficie: 37 305 km^2
Population: 14,6 millions d'habitants
Langue: le néerlandais
Monnaie: le florin (FL)
Capitale administrative: La Haye
Chef de l'État: la reine Béatrice Ière
Date d'entrée dans la CE: 1957

La Belgique

Superficie: 30 513 km^2
Population: 9,9 millions d'habitants
Langues: le français et le néerlandais (ou le flamand)
Monnaie: le franc belge (FB)
Capitale: Bruxelles, capitale politique de l'Europe des Douze
Chef de l'État: le roi Baudoin Ier
Date d'entrée dans la CE: 1957

Le Luxembourg

Superficie: 2 586 km^2
Population: 370 000 habitants
Langues: le luxembourgeois (langue nationale), l'allemand (langue de la presse), le français (langue de l'administration)
Monnaie: le franc luxembourgeois (FLUX)
Capitale: Luxembourg, siège de la Cour de Justice Européenne.
Chef de l'État: le prince Jean
Date d'entrée dans la CE: 1957

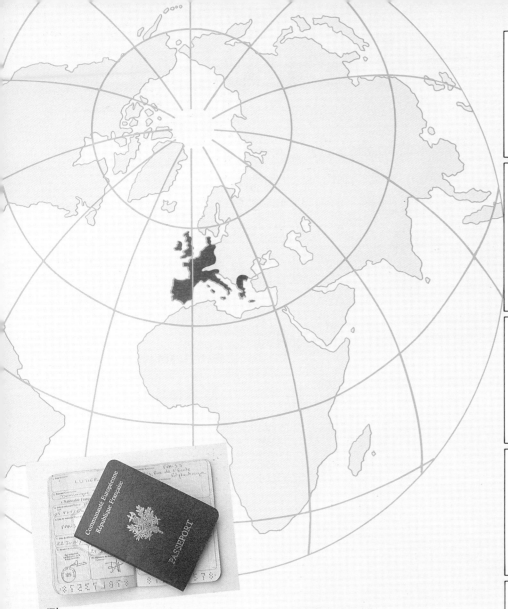

Le Royaume-Uni

Superficie: 244 046 km^2
Population: 56,9 millions d'habitants
Langue: l'anglais
Monnaie: la livre sterling (LS)
Capitale: Londres
Chef de l'État: la reine Elizabeth II
Date d'entrée dans la CE: 1973

La République d'Irlande

Superficie: 70 283 km^2
Population: 3,5 millions d'habitants
Langues: l'irlandais (gaélique), l'anglais
Monnaie: la livre irlandaise (IRL)
Capitale: Dublin
Chef de l'État: le président
Date d'entrée dans la CE: 1973

Le Danemark

Superficie: 43 069 km^2
Population: 5,1 millions d'habitants
Langue: le danois
Monnaie: la couronne danoise (DKK)
Capitale: Copenhague
Chef de l'État: la reine Marguerite II
Date d'entrée dans la CE: 1973

La Grèce

Superficie: 131 944 km^2
Population: 10 millions d'habitants
Langue: le grec moderne
Monnaie: le drachme (DRCH)
Capitale: Athènes
Chef de l'État: le président
Date d'entrée dans la CE: 1981

Le Portugal

Superficie: 92 082 km^2
Population: 10,3 millions d'habitants
Langue: le portugais
Monnaie: l'escudo (ESC)
Capitale: Lisbonne
Chef de l'État: le président
Date d'entrée dans la CE: 1986

L' Espagne

Superficie: 504 782 km^2
Population: 38,8 millions d'habitants
Langue: l'espagnol
Monnaie: la peseta (PTA)
Capitale: Madrid
Chef de l'État: le roi Juan Carlos
Date d'entrée dans la CE: 1986

Le passport européen

Créé en 1984, il est petit, de couleur bordeaux et destiné à tous les citoyens de la CE.

L'Ecu

Créé en 1979, ECU veut dire *European Currency Unit*, c'est-à-dire: unité de change ou monnaie européenne.

Bonjour!

Pour être déjà Européen, sachez dire «bonjour»:
- **en français**:
  bonjour
- **en anglais**:
  hello ou good morning
- **en néerlandais**:
  dag (prononcez «dar»)
- **en danois**:
  godag («goudai»)
- **en allemand**:
  guten Tag («gouteun tag»)
- **en espagnol**:
  buenos días
- **en portugais**:
  bom dia
- **en italien**:
  buon giorno
- **en grec**:
  kalimera

Hymne

L'Europe a aussi son hymne, emprunté à la *9ᵉ Symphonie* de Beethoven: c'est *L'Hymne à la joie*, bien sûr.

Courrier

Bonjour!

Je m'appelle Joseph, j'ai 12 ans et je suis en 5ᵉ. J'écris à *Étoiles* pour dire que *Les aventures de la famille Latour* c'est super! Moi aussi, j'ai une grande sœur insupportable comme Marie-Isabelle et un grand-père qui adore les animaux. Il s'appelle Thomas Pollet et il a 70 ans. Il habite à Salmonville, un village en Normandie, et il a beaucoup d'animaux. Moi j'habite en ville, à Orléans, et je n'ai pas d'animaux. Quand ma famille rend visite à mon grand-père au mois d'août, c'est hyper bien! Voici des photos de ma petite cousine avec le lapin et le chien de mon grand-père.

Joseph Pollet, Orléans

Merci, Joseph!

La rédaction d'Étoiles adore les lettres et les photos, et dit à tout le monde ‹Qui es-tu? Tu as quel âge? Tu as des animaux? Où habites-tu?› Merci d'avance pour les lettres!

La rédaction

Conversations

1

Moi, j'habite dans une ville. Et toi?

Moi, j'habite dans un village.

Tu habites où?

J'habite 103, rue du Frêne à Grandcamp en France. Mon cousin habite à Montréal au Canada.

2

Informations

1 Encore des numéros
(1 à 60 sont à la page 41)

60	soixante	81	quatre-vingt et un
61	soixante et un	82	quatre-vingt-deux
62	soixante-deux	83	quatre-vingt-trois
63	soixante-trois	84	quatre-vingt-quatre
64	soixante-quatre	85	quatre-vingt-cinq
65	soixante-cinq	86	quatre-vingt-six
66	soixante-six	87	quatre-vingt-sept
67	soixante-sept	88	quatre-vingt-huit
68	soixante-huit	89	quatre-vingt-neuf
69	soixante-neuf	90	quatre-vingt-dix
70	soixante-dix	91	quatre-vingt-onze
71	soixante et onze	92	quatre-vingt-douze
72	soixante-douze	93	quatre-vingt-treize
73	soixante-treize	94	quatre-vingt-quatorze
74	soixante-quatorze	95	quatre-vingt-quinze
75	soixante-quinze	96	quatre-vingt-seize
76	soixante-seize	97	quatre-vingt-dix-sept
77	soixante-dix-sept	98	quatre-vingt-dix-huit
78	soixante-dix-huit	99	quatre-vingt-dix-neuf
79	soixante-dix-neuf	100	cent
80	quatre-vingts	1000	mille

2 Des pays

On parle français …	On parle anglais …
en France	en Angleterre
en Suisse	en Écosse
en Belgique	en Irlande
au Luxembourg	au pays de Galles
au Canada	au Canada
au Sénégal …	en Australie …

En ville

Québec – Ville française au Canada pages 70–1

En visite à Rouen page 69

Jeux, jeux, jeux! pages 68, 73, 76

DOSSIER JEU DOSSIER JEU DOSSIER JEU DOSSIER JEU DOSSIER JEU DOSSIER JEU DOSSIER JEU DOSSIER JEU DOSSIER JEU DOS

1 *L'université de Cambridge.*

5 *Le château de Cochem.*

2 *L'église de Santa Maria del Fiore à Florence.*

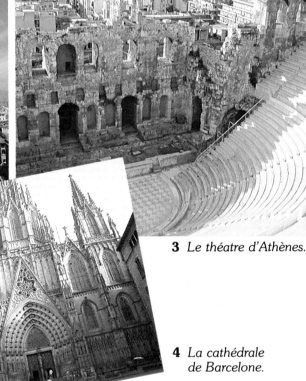

3 *Le théatre d'Athènes.*

4 *La cathédrale de Barcelone.*

C'est dans quel pays?

Que sais-tu sur l'Europe?
Regarde les photos. C'est où? Choisis le pays!
Exemple Photo numéro 1, c'est en Angleterre.

C'est en Italie.   C'est en Angleterre.   C'est en Grèce.

C'est en Belgique.   C'est aux Pays-Bas.

C'est en Allemagne.   C'est en Espagne.   C'est en France.

6 *Le musée du Louvre.*

7 *L'hôtel de ville de Bruges.*

8 *Le port de Rotterdam.*

TÉLÉ CONTACT

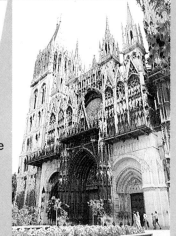

EN VILLE

Quinze Minutes est une série d'émissions sur des jeunes à Rouen en France. Dans la première partie, on va à Rouen et on dit ‹Bonjour› à un groupe de garçons et de filles.

Dans la deuxième partie, Nicholas, reporter de *Quinze Minutes*, fait un tour de Rouen avec un guide, Marc (12 ans).

> Bonjour!
> Je m'appelle Nicholas.
> J'ai vingt-quatre ans.
> Je suis né à Paris,
> mais maintenant
> j'habite à Londres.

Il y a beaucoup de choses à voir à Rouen.
Il y a de très vieux monuments, la cathédrale ou le Gros-Horloge, par exemple. Il y a aussi des bâtiments très modernes, comme l'église Sainte Jeanne d'Arc.

Feuilleton
Les aventures de la famille Latour
13e épisode: Le match de basket

Québec

Douze vues de la ville et de la région du Québec – c'est où?

Écoute *Les aventures de la famille Latour* et regarde les 12 photos dans la lettre de l'oncle Roro.
La photo numéro 1, c'est quoi? Et les autres?

1 *Mémé a une lettre – et 12 photos – de l'oncle Roro à Québec au Canada.*

3

1

2

4

5

a Le port.
b Un musée.
c Une statue.
d Le château.
e Un restaurant.
f La vieille gare.
g Le Grand Théâtre.
h L'hôtel de ville.
i L'office de tourisme.
j L'église Sainte-Anne.
k La cathédrale
   protestante.
l Maisons typiques dans
   la campagne près de
   Québec.

6

7

8

9

10

11

12

2 *Une excursion à Rouen pour l'équipe de basket-ball de la classe de 5ᵉ.*

Jeu

Questions, questions!

Jean-Pierre Dubois présente une édition de *Questions, questions!* de la ville de Bayeux en Normandie.
Il y a deux candidats: Pierre-Éric (13 ans) et Aude (12 ans). Aujourd'hui c'est un jeu d'effets sonores.

On va où?

‹Où vas-tu pendant la semaine en général?›

On a posé la question à 12 garçons et filles d'une classe de sixième à Rouen. Voilà les résultats:

Je vais ...	1	2	3	4	5	6	7	8	9	10	11	12
à l'école												
à la boulangerie												
au supermarché												
à un magasin												
au centre sportif												
à la piscine												
à la bibliothèque												
au cinéma												
chez des amis												
chez ma famille*												

*oncles, tantes, cousins, grands-parents

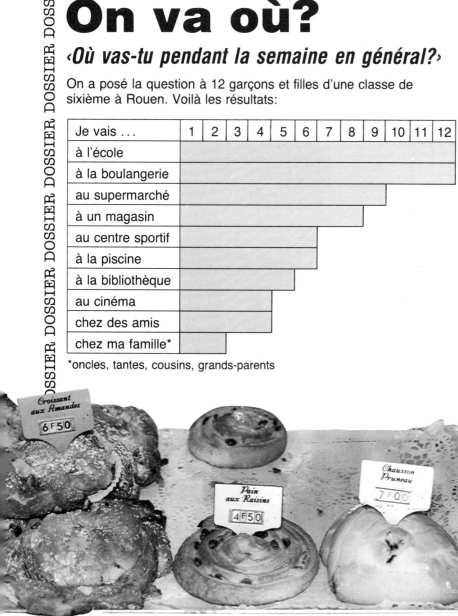

Tout le monde va à la boulangerie!

Croissant aux Amandes 6F50

Pain aux Raisins 4F50

Chausson Pruneau 7F00

Et toi, tu vas à la boulangerie?
Tu vas au supermarché ...?

Je vais à la gare – je vais au collège en train.

Le samedi après-midi, je vais au manège.

Le dimanche on va au restaurant – maman, ma tante, ma cousine et moi.

* TERMES UTILISÉS EN GOLF.

LE JEU DES DIFFÉRENCES

Regarde Alphaville et Bétaville et trouve les différences.

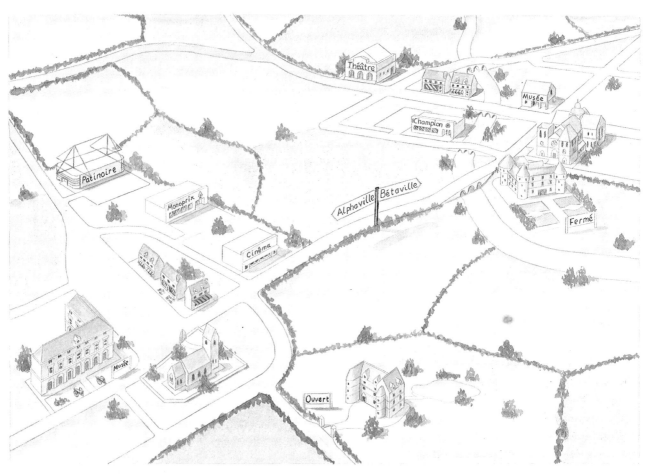

Courrier EDITO

Bonjour!

Dans le numéro 10 d'Étoiles il y a de belles photos de Québec, ville charmante au Canada, et on va à Rouen en Normandie.

Et toi, où habites-tu? Tu habites en France? Tu habites dans une grande ville? Dans un petit village? Où ça?

Écris-nous vite une lettre; et, si c'est possible, envoie aussi une photo de ta région.

On attend ta lettre avec impatience – merci d'avance!

La rédaction

Conversations

1 Comment est ta ville ou ton village?

> J'habite à Creully.
> C'est un petit village à la campagne, près de Bayeux.
> Il y a un château à Creully.

Bayeux est une petite ville en Normandie . Voilà …

des magasins dans la grand-rue,

la cathédrale,

le jardin public,

et un musée moderne.

2 Où vas-tu en ville?

Je vais On va	au château.
	au collège.
	au théâtre.
	au cinéma.
	au supermarché.
	au restaurant.
	au café.
	au jardin public.
	au centre sportif.
	au club.
	au stade.
	à la patinoire.
	à la bibliothèque.
	à la vidéothèque.
	à la piscine.
	à l'école.
	à l'église.
	chez mon prof de musique.
	chez le dentiste.

Informations

1 le, la, l'

une … la (féminin)   un … le (masculin)

Voilà **une** gare.   Voilà **un** port.
C'est **la** gare de Rouen.   C'est **le** port de Dunkerque.

MAIS **le la** + **a, e, i, o, u, h → l'**

Voilà **une** université.   Voilà **un** office de
C'est **l'u**niversité de   tourisme.
Cambridge.   C'est **l'o**ffice de tourisme
                             de Bayeux.

Voilà **un** hôtel de ville.
C'est **l'h**ôtel de ville de
Bruges.

2 au, à la, à l', chez

Je vais Tu vas On va	**au** club.	le club
	à la piscine.	la piscine
	à l'école.	+ **voyelle, h**
	chez le dentiste.	+ **personne**

3 ouvert/fermé

Le magasin est ouvert.   Le jardin public est fermé.

◀ *Le château de Versailles sous le règne de Louis XIV* **page 84**

◀ *Beau ou absurde?* **Le Surréalisme** page 83

◀ *En Angleterre en 1066, après la victoire de Guillaume le Conquérant ...* **Wulf le Saxon** page 81

À la maison

DOSSIER, DOSSIER, DOSSIER, DOSSIER, DOSSIER, DOSSIER, DOSSIER, DOSSIER, DOSSIER, DOSSIER, DO

C'EST QUELLE PHOTO?

Regarde les photos de maisons de styles variés, et lis les descriptions. Description **a**, c'est quelle photo? Et descriptions b, c, d, e, f, g, h? Ecris les numéros 1–8.

1

3

2

a Une maison noire et blanche du temps d'Elisabeth 1ère d'Angleterre.

b Une maison typique en Tchécoslovaquie: les murs sont décorés. C'est très joli.

c Une belle et grande maison blanche en Espagne, avec des balcons et des fleurs.

d Des maisons à un étage, à deux étages et à trois étages à Positano en Italie. Les murs sont oranges, ou blancs, ou jaunes.

TÉLÉ CONTACT

À LA MAISON

Aujourd'hui, Nicholas, reporter de *Quinze Minutes*, est en visite chez Stéphane, Franck, Virginie et Julie.

Stéphane habite à la campagne. Franck aussi habite dans une maison dans un village. La maison de Virginie est près d'un château. Julie habite un appartement en ville.

On regarde aussi un jeu de Cluedo.

e Des appartements bleus et violets dans une ville nouvelle en France.

f Des appartements près de Marseille en France, de l'architecte suisse Le Corbusier (1887–1965).

g Des petites maisons en Angleterre à deux chambres. Il n'y a pas de garage. Les toits sont en marron et en orange.

h Une petite maison blanche à la campagne en Normandie, France.

DOSSIER JEU DOSSIER JEU DOSSIER JEU DOSSIER JEU DOSSIER JEU DOSSIER JEU DOSSIE

MICRO MOBILE

Au château hanté

Aujourd'hui, Jean-Pierre Dubois, avec le Micro Mobile, va au village de Morteville. Il cherche le fantôme du Château de Morteville.

Feuilleton

Les aventures de la famille Latour

14ᵉ épisode: On habite un appartement … ou un zoo?

1 *Attention! Maman arrive!*

2 *Deux poules dans le séjour!*

3 *Les animaux posent un problème chez la famille Latour.*

Quand trois poules vont aux champs
La première va devant.
La deuxième suit la première.
La troisième vient la dernière.

WULF LE SAXON

JE M'APPELLE ROBERT DE TRACEY: JE SUIS NORMAND

VOILÀ ROBERT DE TRACEY, QUI ARRIVE EN ANGLETERRE EN 1066 AVEC GUILLAUME LE CONQUÉRANT. C'EST UN BARON NORMAND RICHE ET FORT. IL PARLE FRANÇAIS.

APRÈS LA VICTOIRE À HASTINGS, GUILLAUME DONNE UN VILLAGE À ROBERT.

BARON ROBERT DE TRACEY, J'AI UN VILLAGE POUR TOI, QUI S'APPELLE WOOTTON, DANS LE BERKSHIRE. VA À WOOTTON, ET CONSTRUIS UN CHÂTEAU.

OUI, MAJESTÉ. MERCI.

MAINTENANT LE CHÂTEAU EST FINI, ET LE VILLAGE S'APPELLE WOOTTON TRACEY.

EXCELLENT! LES MURS SONT FORTS, LES FENÊTRES SONT PETITES ET LA PORTE EST FORTIFIÉE.

WOOTTON LE 6 MAI 1092 CHÈRE MAMAN

CHEZ MOI IL Y A UNE SALLE ÉNORME ET ÉLÉGANTE: UNE CUISINE PRATIQUE ET MODERNE: ET UNE JOLIE CHAMBRE CONFORTABLE AU PREMIER ÉTAGE.

VOILÀ WULF, UN PAUVRE SAXON QUI PARLE ANGLAIS, IL HABITE DANS UNE TOUTE PETITE MAISON DANS LE VILLAGE DE WOOTTON AVEC SA FAMILLE ET DES ANIMAUX.

DANS LA MAISON DE WULF, IL N'Y A PAS DE CUISINE, IL N'Y A PAS DE CHAMBRES; IL N'Y A PAS DE FENÊTRES. IL Y A UNE SEULE PIECE POUR LA FAMILLE ET LES ANIMAUX.

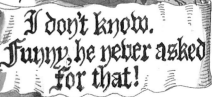

LE SURRÉALISME

La durée poignardée (1938) René Magritte

1 Un train dans une cheminée! C'est absurde, c'est bizarre! Oui, mais c'est de l'art, de l'art surréaliste. L'artiste est René Magritte (1898–1967), un Belge.

La table solaire (1936) Salvador Dali

2 L'art surréaliste, c'est des objets ordinaires en positions bizarres. Voilà une peinture d'un Espagnol né en 1904. Il y a une table, un tapis et un garçon – dans un désert.

Guernica (1937) Pablo Picasso

3 Le surréalisme est choquant ou amusant, illogique ou surnaturel. Mais c'est sérieux aussi. Voilà *Guernica* (1937), de l'artiste espagnol Pablo Picasso. Guernica est une petite ville en Espagne. La peinture représente l'horreur des bombes et de la destruction pendant la Guerre Civile en Espagne.

Louis XIV et le château de Versailles

Devant le château en 1682.

Le roi Louis XIV de France décide en 1669 de transformer une maison de chasse à Versailles (un pauvre petit village à 20 kilomètres de Paris) en un château immense et splendide.

Il habite au château de Versailles de 1682 à sa mort en 1715 avec ... 10 000 personnes! Dans **un** château!

Il y a la famille royale (la reine Marie-Thérèse et les huit enfants, et le frère de Louis), des princes, des ducs, et des nobles, des ministres du gouvernement, des soldats, et des serviteurs.

La Galerie des Glaces.

C'est un magnifique château. Quelle grandeur, quelle gloire!

Il y a par exemple la fantastique Galerie des Glaces, une immense salle de réception de 70 mètres sur 10, avec 17 grandes fenêtres et 17 miroirs énormes.

Il y a les jardins, un beau parc de 100 hectares, avec 600 fontaines, des statues et un Grand Canal.

Vue des jardins.

Il y a la chambre du roi dans les appartements royaux, avec de beaux tableaux, et le lit a des rideaux en satin.

Il y a des salons splendides, une chapelle, un opéra, et 282 appartements, avec plus de 2 100 chambres.

Dans la chambre du roi, à 9 heures du matin: Louis XIV est dans sa chambre, et il y a 100 spectateurs.

Oui, c'est un château de luxe et de splendeur. Mais ce n'est pas un château confortable! Par exemple, il y a des fauteuils pour la famille royale, des chaises pour les nobles importants, mais pour les autres personnes il n'y a pas de chaises.

Et la température en novembre, décembre et janvier! Dans 1 250 des chambres il n'y a pas de cheminée; c'est vraiment un problème.

Et en plus, le château n'a pas de salles de bains, et ... pas de toilettes! Quelle horreur!

Dans la salle de billard. La reine Marie-Thérèse a un fauteuil, mais il n'y a pas de chaises pour les autres personnes.

DRÔLES DE BÊTES N° 4
MAISON À VENDRE

A VENDRE
Agence LERAT
23 rue de la
Fromagerie
Tel: 3142564

C'EST ICI. ENTREZ DONC !

MAIS M. LERAT IL Y A UN CHAT ICI ?

MERCI M. LERAT.

OH NON, NON ! UN CHAT ? NON PAS DE CHAT! VOICI LE GRAND HALL. ÉLÉGANT...

OUI, OUI... MAIS S'IL Y A UN CHAT.

OH IL EST BEAU !

UN CHAT! QUELLE IDÉE! VOICI LE SALON TRÈS CONFORTABLE ET VOILÀ...

... LA CUISINE MODERNE ET PRATIQUE

OH LA BELLE CUISINE !

ELLE EST VRAIMENT GRANDE !

IL Y A DE LA PLACE POUR UN CH...CHIMPANZÉ

ET DERRIÈRE LA CUISINE, LA JOLIE SALLE À MANGER

C'EST QUOI ÇA ?

C'EST NORMAL ÇA ?

OUILLE !

QU'EST-CE QUE C'EST ?

EUH JE... J'AI UNE INDIGESTION...

ALORS, AU PREMIER ÉTAGE.

VOILÀ LA CHAMBRE BLEUE, ET PAR LÀ IL Y A LA SALLE DE BAIN AVEC DOUCHE.

UN INSTANT S'IL VOUS PLAÎT M. LERAT !

30 SECONDES PLUS TARD...

ET VOILÀ, SIGNATURES S'IL VOUS PLAÎT!

HMM. JE N'AI PAS DE STYLO !

MOI NON PLUS !

CONTRAT

Courrier

Cher *Étoiles*,

Dans l'édito du numéro 10, tu poses la question ‹Où habites-tu?›. Eh bien, voilà: moi j'habite à la campagne, à Chevaline, un village près d'Annecy. Sur la photo je suis dans le jardin avec mon frère et ma sœur. Le jardin est immense. Au rez-de-chaussée il y a une grande cuisine moderne et le séjour. Les chambres sont au premier étage, derrière le long balcon. Ma chambre est petite mais très jolie. J'ai mon lit, et une armoire, et ma table de chevet. Les rideaux sont violets, comme le couvre-lit, et les murs sont jaunes – mais complètement couverts de photos et de posters de chevaux! J'adore les chevaux.

Au revoir!

Séverine Domange (14 ans)

Merci Séverine; et merci pour toutes les réponses à l'édito du numéro 10.

La rédaction

Conversations

1 Tu habites où?

> J'habite dans une maison.

> J'habite dans un appartement.

> J'habite dans une ferme.

2 Comment est ta maison?

> *Chez moi il y a un jardin, un garage …*

Dans le séjour	il y a	une armoire.
Dans le jardin		une commode.
Dans le hall		une cuisinière.
Dans les toilettes		une lampe.
Dans le garage		une télévision.
Dans le placard		une bibliothèque.
Dans la cuisine		une douche.
Dans la salle à manger		une table de chevet.
Dans la salle de bains		un lit.
Dans ma chambre		un buffet.
Dans l'escalier		un téléphone.
Sur le balcon		un canapé.
		un fauteuil.
		un banc.
		un frigo.
		un bureau.
		un miroir.
		un tapis.
		des rideaux.

3 Où est...? Où sont ...?

Informations

1 les

SINGULIER	PLURIEL
la chaise **le** lit **l'**armoire	**les** chaises **les** lits **les** armoires

2 Est/sont

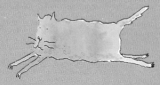
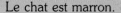

Le chat est marron.

Les chiens sont marron aussi.

3 Où sont les souris?

dans l'escalier
sur la commode
sous le lit
devant l'armoire
derrière les rideaux
à gauche
à droite

4 mon ma; ton, ta

MASCULIN (UN)		FÉMININ (UNE)	
un le mon ton	lit banc bureau miroir	une la ma ta	chambre lampe bibliothèque table

Idées cadeaux!

Idées cadeaux pour toutes les fêtes!
Qu'est-ce que tu voudrais?
Qu'est-ce que tu offres?

Des cartes et des cadeaux pour Noël et le Nouvel An.

Oh! Les beaux cadeaux!

On offre un cadeau quand?

Noël et le Jour de l'An

À Noël (la nuit du 24 décembre) le Père Noël a des cadeaux pour les enfants. Et au Jour de l'An (le 1er janvier) on offre aussi des cadeaux à minuit.

La fête des Mères

Le dernier dimanche de mai, c'est la Fête des Mères. On offre une carte et un cadeau – des fleurs peut-être, ou des chocolats – à maman.

Pâques

À Pâques, en mars ou avril, on offre du chocolat aussi; des œufs ou des lapins en chocolat … et les enfants cherchent les œufs dans le jardin.

La rentrée

Une date importante: la rentrée des classes, la première semaine de septembre. Pour la rentrée papa ou maman donne des stylos, des feutres, des crayons, des cahiers …

Un anniversaire et une fête

Et toute l'année, de janvier à décembre, on offre une carte et un cadeau pour un anniversaire ou une fête (le jour de la fête du saint dont on porte le nom).

À Pâques on cherche des œufs.

DOSSIER DOSSIER DOSSIER DOSSIER DOSSIER DOSSIER DOSSIER DO

DOSSIER DOSSIER DOSSIER DOSSIER DOSSIER DOSSIER DOSSIER DO

Catalogue RoRo

Le catalogue canadien qui est bien de chez nous!

GARANTIE 2 ANS

MONDIVOX

C **CHAÎNE STÉRÉO MONDIVOX**
Platine-disque manuelle.
Amplificateur stéréo. Radio PO-GO-FM.
Platine double-cassettes.
Duplication rapide.

B **40 CHOCOLATS**
Lindt. 360g.

A **CALCULATRICE OLYMPIA TIP TOP**
4 opérations. Mémoire. Pourcentage
Racine. Alimentation piles.

D **MAGNÉTOSCOPE TAISHO VCR LIII
VHS HQ**
Télécommande 8 programmes/21 jours.
Tuner à synthèse. 30 canaux.

E **MAISON DE POUPÉES EN BOIS**
2 étages. 6 pièces.

F **ORDINATEUR OLIVETTI**
1 ordinateur Olivetti PC 1 compatible.
Version simple disquette 3 p. 1/2.
512 K. mémoire centrale. Clavier 83 touches
avec pavé numérique et touches de fonctions.

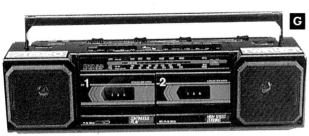

G **RADIO-CASSETTE STÉRÉO
HYPSON PO-GO-FM**
Double cassette à copie rapide.
Égaliseur 3 bandes.
Alimentation piles/secteur.

H **BALADEUR MONDIVOX**
Stéréo. Arrêt automatique en fin de bande.
Avance rapide. Livré avec casque
et pince de ceinture.

I DISQUE JEUNESSE
Une chanson pour chaque fête de l'année!
Du Jour de l'An à Noël, en passant par Pâques et le 14 juillet ...

L'ANNÉE EN FÊTES
MANNICK

nouveau

PRIX CHOC 51F

J SWEATSHIRT FANTAISIE
Poche poitrine. Du 6 au 16 ans.
50% coton, 50% acrylique.

K MONTRE 'POP'
Montre enfant.
Bulle à quartz.
Affichage digital.

PUZZLES POUR TOUTE LA FAMILLE

nouveau

L LAPIN OU CHAT
Des peluches toutes douces.

M ŒUF DE PÂQUES
Garni. Superbe prix.

O PUZZLE
Château de Chambord.
500 pièces.
Dim: 49,5 × 36 cm.

N CASSETTES AUDIO MÉMOREX d Bsl.
Ferro. Le lot de 5.

P POUPÉE CLASSIQUE
'Séverine'.

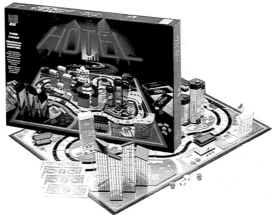

Q HÔTEL
Faites fortune en construisant de luxueux hôtels! À partir de 8 ans et adultes.

Code	Article	Prix RoRo
A	La calculatrice	18F
B	Les chocolats	100F
C	La chaîne stéréo	850F
D	Le magnétoscope	2690F
E	La maison de poupées	154F
F	L'ordinateur	3990F
G	Le radio-cassette	349F
H	Le baladeur	199F
I	Le disque	51F
J	Le sweatshirt	49F
K	La montre	69F
L	La peluche	50F
M	L'œuf de Pâques	30F
N	Les cassettes	49F
O	Le puzzle	47F
P	La poupée	45F
Q	Le jeu	186F

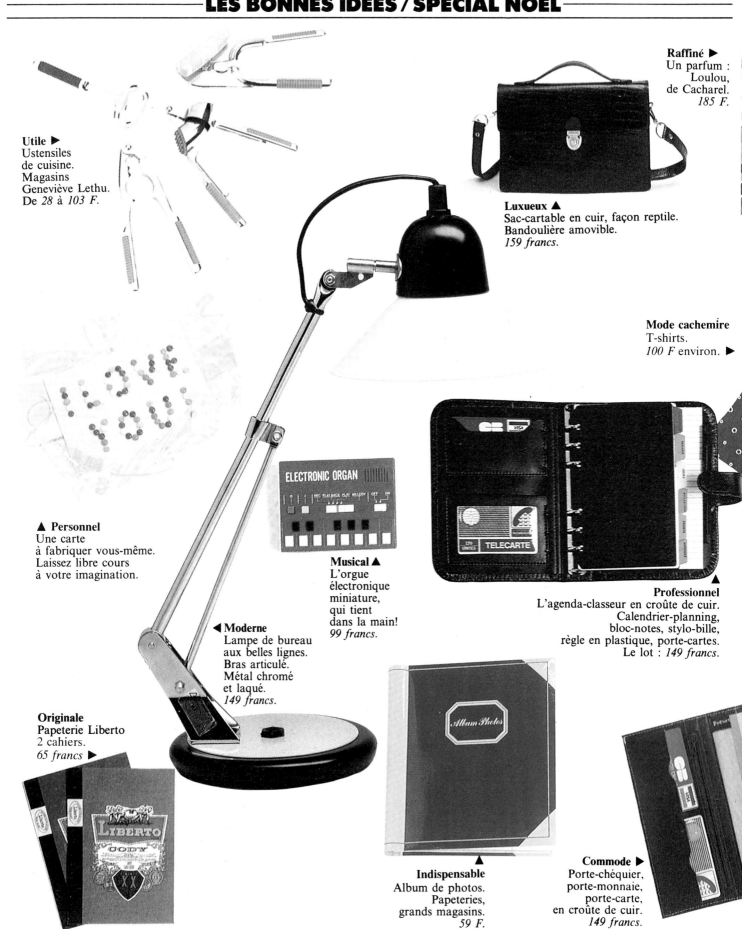

Utile ▶
Ustensiles
de cuisine.
Magasins
Geneviève Lethu.
De *28* à *103 F.*

Raffiné ▶
Un parfum :
Loulou,
de Cacharel.
185 F.

Luxueux ▲
Sac-cartable en cuir, façon reptile.
Bandoulière amovible.
159 francs.

Mode cachemire
T-shirts.
100 F environ. ▶

▲ Personnel
Une carte
à fabriquer vous-même.
Laissez libre cours
à votre imagination.

Musical ▲
L'orgue
électronique
miniature,
qui tient
dans la main!
99 francs.

Professionnel
L'agenda-classeur en croûte de cuir.
Calendrier-planning,
bloc-notes, stylo-bille,
règle en plastique, porte-cartes.
Le lot : *149 francs.*

◀ Moderne
Lampe de bureau
aux belles lignes.
Bras articulé.
Métal chromé
et laqué.
149 francs.

Originale
Papeterie Liberto
2 cahiers.
65 francs ▶

Indispensable
Album de photos.
Papeteries,
grands magasins.
59 F.

Commode ▶
Porte-chéquier,
porte-monnaie,
porte-carte,
en croûte de cuir.
149 francs.

Économique
Un walkman
joli, petit.
99 francs. ▼

▲ **Élégant**
Le sac Popi Moreni.
175 F.

Tyrolien
Un lot de badges.
50 francs. ▼

Utile ▶
Le lot de 2
cassettes
vidéo,
99 francs

Sportifs
Sweat-shirt
avec un petit col
au motif jacquard.
199 francs. ▼

▲ **Noir et blanc**
T-shirts.
Environ *100 F.*

TÉLÉ CONTACT

BON ANNIVERSAIRE!

C'est l'anniversaire de Virginie Honnet.
On va à la maison de la famille Honnet dans un village près de Rouen. Chez Virginie il y a des jeux, des cadeaux et … un gâteau d'anniversaire.

Radio ACTIVE

Sketch
Bruno

Feuilleton
Les aventures de la famille Latour

15e épisode: L'oncle Roro offre des cadeaux

1 *L'oncle Roro voudrait regarder la télé.*

2 *On choisit des cadeaux pour Bébé et Jéjé.*

Claude MALCHANCE.

Conversations

1 Qu'est-ce que tu voudrais?

Qu'est-ce que tu voudrais
pour ton anniversaire?
Pour Noël?
Pour la rentrée?
Pour Pâques?

Je voudrais ...
une calculatrice
une cassette
une chaîne stéréo
un radio-cassette
un disque
un CD/laser
un badge
un album
un puzzle
un sweatshirt
un walkman/un baladeur
un parfum
un T-shirt
des chocolats

2 C'est combien?

Informations

1 Des affaires

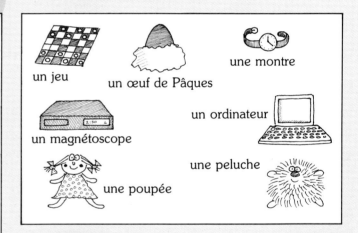

2 Négatifs

NUMÉRO 13

Mmm, c'est bon!

Une nouvelle BD – science-fiction page 99

Le système solaire page 101

Miam! Les glaces et les boissons, le chocolat, le pain et le fromage!

LE SYSTÈME SOLAIRE

le soleil

une étoile

la lune

Le Soleil, c'est quoi? C'est une étoile assez petite dans une galaxie assez grande. Il y a des millions d'étoiles dans une galaxie, et des millions de galaxies dans l'univers. Une étoile est une sorte d'énorme bombe atomique qui continue à exploser, une réaction de fusion nucléaire, une source d'énergie éternelle.

La planète bleue.

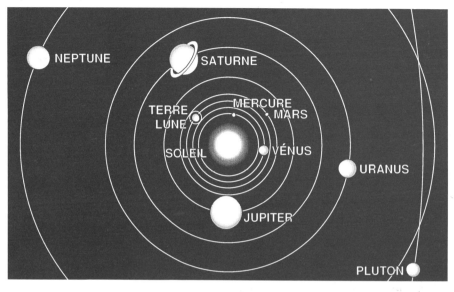

NEPTUNE

SATURNE

TERRE
LUNE

MERCURE
MARS

SOLEIL

VÉNUS

URANUS

JUPITER

PLUTON

Le Soleil, c'est une gigantesque bulle composée des gaz hydrogène et hélium. On trouve des températures de plus de 20 millions de degrés au centre.

Le ‹système solaire› est une ‹famille› de planètes, de comètes et de satellites naturels, le Soleil est au centre. Les planètes tournent autour du Soleil; les comètes aussi; les satellites (ou ‹lunes›) tournent autour des planètes.

La première planète est Mercure, petite et près du Soleil, donc difficile à observer.

Puis il y a Vénus, une petite planète qui a une atmosphère composée de gaz carbonique – du poison pour les hommes! Sur Vénus il n'y a pas d'eau; donc, il n'y a pas de végétation non plus.

La Terre est la troisième planète, à une distance de 150 millions de kilomètres du

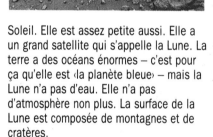

Soleil. Elle est assez petite aussi. Elle a un grand satellite qui s'appelle la Lune. La terre a des océans énormes – c'est pour ça qu'elle est ‹la planète bleue› – mais la Lune n'a pas d'eau. Elle n'a pas d'atmosphère non plus. La surface de la Lune est composée de montagnes et de cratères.

La surface de Mars, la quatrième planète, est couverte de déserts rouges. L'atmosphère n'admet pas d'animaux. Il y a de l'eau; alors il est possible qu'une végétation primitive existe sur Mars. Mais il n'y a pas de Martiens. Mars a deux petites lunes, Phobos et Deimos.

Puis il y a les planètes géantes, Jupiter, Saturne, Uranus et Neptune, avec leurs lunes. Les principales lunes de Jupiter sont Io, Europe, Ganymède et Callisto. Jupiter est composé d'hydrogène: au centre, l'hydrogène est solide, puis il est liquide, et à la ‹surface› il est gazeux.

Enfin, il y a Pluton, petite planète mystérieuse et dense. Est-ce qu'il existe une dixième planète? C'est possible.

Saturne a des anneaux spectaculaires.

LE PAIN FRANÇAIS ...

Dans les boulangeries en France on trouve une très grande variété de pains.

Il y a la baguette traditionnelle et le pain de campagne.

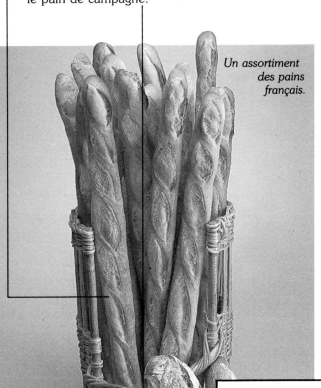

Un assortiment des pains français.

Un pain au chocolat a du chocolat à l'intérieur.

Voilà un croissant. C'est délicieux. On mange les croissants tout frais, au petit déjeuner.

Dans les supermarchés on trouve du pain industriel. Le pain industriel est enveloppé de papier transparent ou de plastique.

... ET LES FROMAGES

Le fromage aussi est très important en France. Il y a plus de trois cents variétés de fromages français. Il y a des fromages au lait de brebis, de chèvre et de vache.
Du roquefort, fromage au lait de brebis.

Des fromages au lait de chèvre.

QUE SAIS-TU SUR LES FROMAGES D'EUROPE?

Quel est le pays d'origine de ces cinq fromages célèbres?

1 Le gruyère.   **2** Le gouda.   **3** Le cheddar.

4 Le camembert.   **5** Le gorgonzola.

TÉLÉ CONTACT

DANS UNE BOULANGERIE

Nicholas est en visite chez M. Trupin, boulanger de Rouen, qui fait des croissants et des baguettes.

Un boulanger de village prépare de la baguette.

UNE GLACE! MIAM!

Ensuite, Nicholas choisit une glace à deux boules.

 **Radio** ACTIVE

Feuilleton
Les aventures de la famille Latour

16e épisode: Marie-Isabelle prend des décisions

C'est mercredi: il n'y a pas de cours à l'école. Les enfants Latour sont à la maison, mais où sont les adultes? Maman travaille de 6 heures du matin à midi, Dédé est avec des copains, et Pépé et Mémé sont à la campagne. Alors, dans l'épisode 16, c'est Marie-Isabelle qui prend les décisions importantes . . .

1 *Tout le monde demande Marie-Isabelle!*

2 *Marie-Isabelle fait une liste.*

3 *Oh, Marie-Isabelle!*

Jeu
Questions, questions!

RadioActive présente encore une édition du jeu populaire.

Les concurrents d'aujourd'hui: Céline Lesauvage et
Mehdi Limousin.

 -

BULLETIN RÉPONSE

Que boit Jean-Pierre?

Jean-Pierre boit ....

Concurs RadioActive – Étoiles
QUE BOIT JEAN-PIERRE?

Jean-Pierre veut faire une petite fête à ses amis journalistes.
Que boit Jean-Pierre?

Il a sept bouteilles et sept boissons:

EAU MINÉRALE	**CHAMPAGNE**
VIN	**ORANGINA**
JUS D'ORANGE	**CITRONNADE**
COCA	

Jean-Pierre boit à la bouteille **4**. Qu'est-ce qu'il y a
dedans?
Dans les bouteilles **1** et **5** il y a les boissons alcoolisées.
La **3** est un liquide pur: pas d'alcool, pas de fruits, pas de
gaz!
La **2** et la **6** sont des boissons à base d'orange.
La **7** est gazeuse à base de citron.
Tu as la solution? Alors, remplis vite le bulletin-réponse!

SONDAGE

Les Glaces... Et vous!

Voilà les résultats du grand sondage Étoiles. Merci d'avoir participé au questionnaire!

La question

Imagine que tu choisis une glace. Tu préfères quel parfum?

Les réponses

Je voudrais une glace ...

à la vanille	**39%**
à la fraise	**40%**
au chocolat	**17%**
à la banane	**4%**

Tu veux une glace ...

à la fraise?

à la banane?

au citron?

à la noix de coco?

à l'orange?

à l'ananas?

 à la framboise?

 au café?

 au chocolat?

 à la vanille?

ou autre?

Et maintenant, participez à notre prochain grand sondage:

Les Boissons... Et vous!

La question

Avec ta glace, tu veux ...

Tu veux ...

de l'eau?

du thé?

du café?

de la limonade?

du coca?

de l'Orangina?

du jus d'orange?

de l'eau minérale?

ou autre?

BULLETIN RÉPONSE

 Avec ma glace, je voudrais.

....

JEUX

QUEL PARFUM?

Que sais-tu sur les parfums de glace?

Photo numéro 1, c'est le parfum **a**, fraise. C'est facile? Continue donc!
La photo numéro 2, c'est quelle lettre sur la photo des glaces?

GLACES ice cream

VANILLE	CASSIS — d
a — FRAISE	CITRON — e
CHOCOLAT	RHUM-RAISIN
b — PISTACHE	FRUITS de la PASSION — f
c — NOISETTE	NOIX de COCO — g
BANANE	KIWI

1

2

3

4

7   6   5

LE JEU DES COULEURS

une pomme

une framboise

une fraise

une poire

une orange

un ananas

une banane

un citron

une noix de coco

Quelle erreur!

Sur l'image:
la poire est rouge, et l'ananas est rouge aussi;
la fraise est jaune et l'orange est jaune aussi;
la banane est verte, et la noix de coco est verte aussi;
la framboise est marron, la pomme est orange et le citron est gris!

Quelles sont les couleurs normales pour ces fruits?

Ici, les fruits sont jaunes.

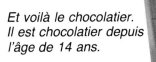

Et voilà le chocolatier. Il est chocolatier depuis l'âge de 14 ans.

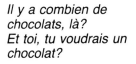

Il y a combien de chocolats, là?
Et toi, tu voudrais un chocolat?

LE CHOCOLAT
on adore!

Le chocolat est un bonbon à base de cacao.
Le cacao, c'est quoi? C'est un gros fruit jaune, orange ou rouge.

On cultive le cacao dans les régions tropicales: en Amérique du Sud, en Afrique et en Malaisie. Mais on fabrique le chocolat dans les pays ‹développés›, en Europe par exemple.

Où cultive-t-on le cacao?

Voici la liste des 12 principaux producteurs de cacao:

1 Côte-d'Ivoire (Afrique)
2 Brésil (Amérique du Sud)
3 Ghana (Afrique)
4 Nigéria (Afrique)
5 Cameroun (Afrique)
6 Équateur (Amérique du Sud)
7 Colombie (Amérique du Sud)
8 Malaisie (Asie)
9 République Dominicaine (Amérique du Sud)
10 Nouvelle-Guinée (Océanie)
11 Mexique (Amérique Centrale)
12 Venezuela (Amérique du Sud)

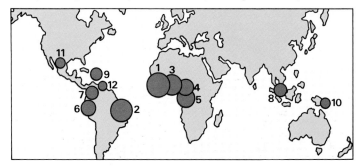

Il y a beaucoup de chocolateries en France, par exemple *Suchard-Tobler* à Strasbourg et Paris, *Mars* à Haguenau, et *Nestlé* à Marseille. Voici des chocolats dans une chocolaterie de la ville d'Annecy.

L'intérieur de la chocolaterie; elle est spécialiste de chocolats et de bonbons!

▶

Le hit-parade des mangeurs de chocolat

Quels sont les gens qui mangent le plus de chocolat dans le monde? Voici le classement par ordre de mérite!

1er	Les Suisses	10 kg par habitant et par an
2^e	Les Belges	7 kg par habitant et par an
3^e	Les Anglais	6,8 kg par habitant et par an
4^e	Les Allemands	6,7 kg par habitant et par an
	Les Norvégiens	6,7 kg par habitant et par an
6^e	Les Autrichiens	6 kg par habitant et par an
7^e	Les Hollandais	5,8 kg par habitant et par an
	Les Suédois	5,8 kg par habitant et par an
9^e	Les Australiens	5,7 kg par habitant et par an
10^e	Les Français	4,8 kg par habitant et par an

Voici un dernier chiffre: on mange 750 millions de barres de chocolat par an en France. Cela fait une moyenne de 15 barres par personne et par an.

QUE SAIS-TU SUR LE CHOCOLAT?

1 On cultive le cacao:
  a Sous les tropiques.
  b En Europe.

2 On fabrique le chocolat:
  a En Afrique et en Amérique du Sud.
  b Dans les pays développés.

3 Le principal producteur de cacao est:
  a La Suisse.
  b La Côte d'Ivoire.

4 Le Cameroun est un producteur de cacao:
  a En Afrique.
  b En Amérique du Sud.

5 Un homme qui produit du chocolat s'appelle:
  a Une chocolaterie.
  b Un chocolatier.

6 En Angleterre, on mange:
  a 10 kg de chocolat par an.
  b 6,8 kg de chocolat par an.

7 En consommation de chocolat, la France est:
  a Le premier pays.
  b Le dixième pays.

8 En France on mange par personne et par an:
  a 750 barres de chocolat.
  b 15 barres de chocolat.

DOSSIER, DOSSIER, DOSSIER, DOSSIER, DOSSIER, DOSSIER, DOSSIEI

JEUX

ÇA FAIT QUELLE BOISSON?

Regarde la photo numéro 1.
Ça fait du vin? Du thé?
Ou quoi?

Conversations

1 Je mange ...

Je mange	du chocolat.
	de la salade.
	un fruit.
	un biscuit.
	un œuf.
	une orange.
	une banane.
	une poire.
	une carotte.

2 Je bois ...

Je bois	du lait.
	du café.
	du thé.
	du vin.
	du coca.
	du jus d'orange.
	de l'Orangina.
	de la limonade.
	de l'eau.
	de l'eau minérale.

3 Tu veux ...?

On offre: On accepte:

Tu veux du thé?   Oui, je veux bien!

On refuse: On demande:

Non, merci!   Je voudrais du café.

4 Quel parfum?

Je voudrais Tu veux	une glace	à la fraise.
		à la banane.
		à la vanille.
		à l'orange.
		au citron.
		au chocolat.

Informations

1 On mange ...

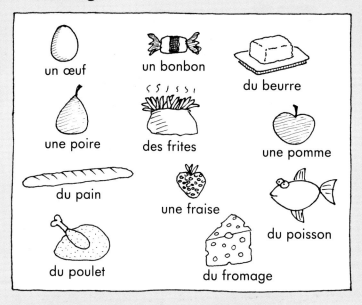

un œuf   un bonbon   du beurre
une poire des frites   une pomme
du pain   une fraise   du poisson
du poulet du fromage

2 On boit ...

du lait   du vin   de l'eau

3 de l'

de l' + a, e, i, o, u, h
de l'eau
de l'Orangina

4 Encore des parfums

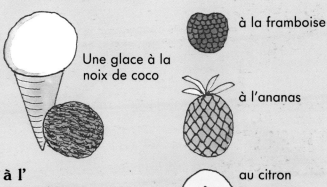

Une glace à la noix de coco

à la framboise

à l'ananas

5 à l'

au citron

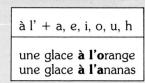

à l' + a, e, i, o, u, h
une glace **à l'o**range
une glace **à l'a**nanas

Que sais-tu sur les BD?
page 110

Les crêpes **de Bretagne**
page 114

Idées fantaisie – *Sandwichs*
au kilomètre! page 113

J'aime

PASSE-TEMPS

Qu'est-ce que tu aimes comme livre?

Quand on pose la question en France, voilà la réponse de 50% des garçons et de 23% des filles de 8 à 18 ans: «J'aime les albums de BD!»

Une BD, c'est quoi?
BD, c'est une ‹bande dessinée›, une série de dessins avec un héros ou une héroïne.

Voilà trois héros de BD qu'on aime beaucoup en France.

Gaston LaGaffe. *Boule et Bill.*

Tintin.

Que sais-tu sur les héros de BD?

- C'est qui? C'est un héros de BD. Il a 17 ans, il est Belge, et il est reporter. Il a un chien blanc qui s'appelle Milou. Il s'appelle …?

- C'est qui? C'est un héros de BD. Il est diminutif, marron et blanc. Son copain s'appelle Bill. Il s'appelle …?

- C'est qui? C'est un héros de BD … un jeune homme qui fait beaucoup de bêtises. Il s'appelle …?

Et toi? Qu'est-ce que tu aimes?

 Tu aimes les livres, les magazines ou les BD?

 Tu aimes les films (au cinéma ou à la télé, ou en vidéo)?

 Tu aimes le football?

 Tu aimes la télévision?

 Tu aimes la musique?

 Tu aimes les jeux vidéo?

Qu'est-ce que? 14/1/3; Et toi? 14/1/4

TÉLÉ CONTACT

ON AIME ...

Les parents de Tanya Fouti-Loëmba sont originaires du Congo en Afrique, mais la famille habite à Rouen maintenant. Tanya aime bien Rouen.

Nicholas va dans un café au centre de Rouen et mange un sandwich. Miam, c'est bon!

Julie Leloup prépare une sauce vinaigrette pour une salade. Le verdict de la famille: C'est délicieux!

Radio ACTIVE

Reportage
Interview avec Jean-Louis Malroux

Jean-Louis Malroux, 19 ans, est étudiant en Art et Textiles à Paris. Dans la chambre de Jean-Louis il y a des coussins ... en forme de bonbons et de gâteaux! Écoutez l'interview de Caroline avec Jean-Louis sur *RadioActive*.

La chambre de Jean-Louis, avec un ‹Carambar›, deux ‹religieuses› (au café et au chocolat!), sept ‹berlingots› ... et Mimi le chat!

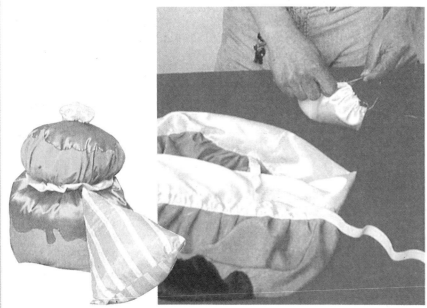

Jean-Louis attache les deux boules de la ‹religieuse au chocolat›.

La ‹religieuse› est finie.

MICRO MOBILE

Et le Cocagina

Aujourd'hui Jean-Pierre Dubois est à l'usine ‹Boissons de France› avec le Micro Mobile de *RadioActive*. Trois jeunes testeurs, deux filles et un garçon, sont à l'usine aussi. Écoutez leur opinion sur une nouvelle boisson gazeuse, le Cocagina.

M. Barel de ‹Boissons de France›.

Feuilleton

Les aventures de la famille Latour

17ᵉ épisode: Un sondage chez les Latour
Aujourd'hui:

1 *Maman a des problèmes avec le taxi: il n'y a pas de parking près de la tour Rose …*

2 *… La famille adore les crêpes de Mémé, mais Bébé est difficile à table …*

3 *… Et Saïda annonce un sondage sur un nouveau bâtiment à côté de la tour Rose.*

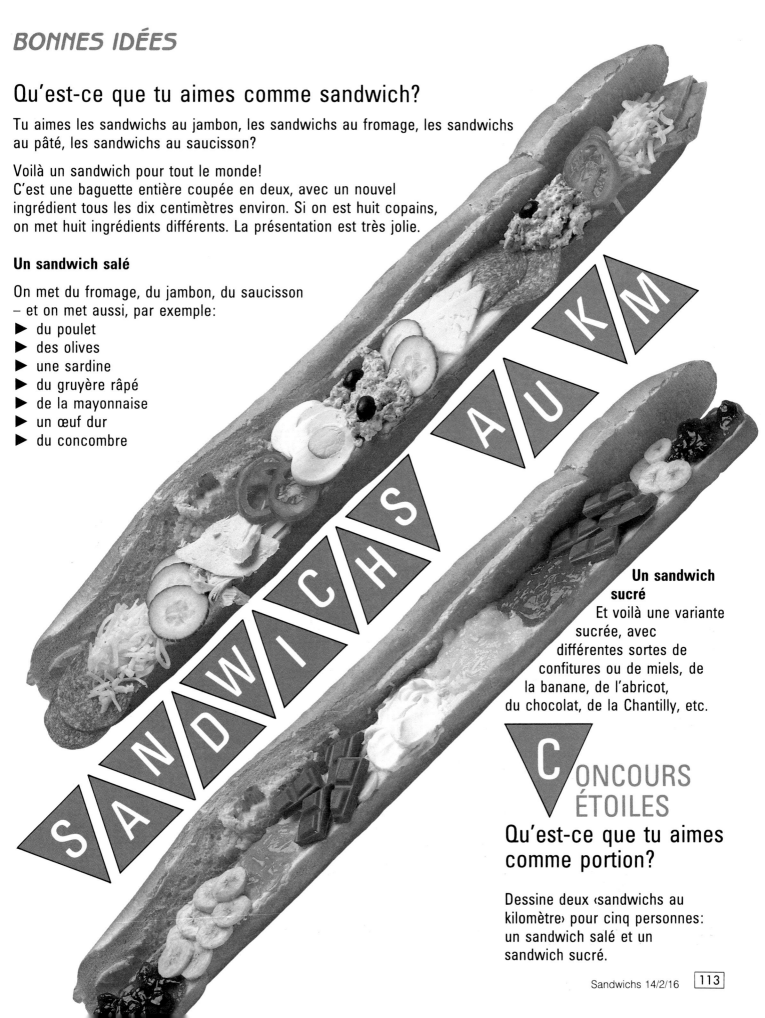

Qu'est-ce que tu aimes comme sandwich?

Tu aimes les sandwichs au jambon, les sandwichs au fromage, les sandwichs au pâté, les sandwichs au saucisson?

Voilà un sandwich pour tout le monde!
C'est une baguette entière coupée en deux, avec un nouvel ingrédient tous les dix centimètres environ. Si on est huit copains, on met huit ingrédients différents. La présentation est très jolie.

Un sandwich salé

On met du fromage, du jambon, du saucisson
– et on met aussi, par exemple:
▶ du poulet
▶ des olives
▶ une sardine
▶ du gruyère râpé
▶ de la mayonnaise
▶ un œuf dur
▶ du concombre

Un sandwich sucré

Et voilà une variante sucrée, avec différentes sortes de confitures ou de miels, de la banane, de l'abricot, du chocolat, de la Chantilly, etc.

CONCOURS ÉTOILES

Qu'est-ce que tu aimes comme portion?

Dessine deux ‹sandwichs au kilomètre› pour cinq personnes: un sandwich salé et un sandwich sucré.

LA CRÊPE, SPÉCIALITÉ DE BRETAGNE

*Les propriétaires de la crêperie
sont M. et Mme Kérouac.*

Les crêpes, c'est bon!

Au Royaume-Uni il y a un jour spécial au mois de février
où on mange des crêpes. Il s'appelle *Pancake day*,
et en général on prépare des crêpes au sucre, au citron
ou à la confiture.

Mais en Bretagne, en France, on adore les crêpes toute
l'année! Il y a beaucoup de *crêperies*, de restaurants
avec un choix énorme de crêpes de toutes sortes.

Aujourd'hui *Étoiles* va à la crêperie ‹Le Râtelier›.

GALETTES ET CRÊPES

Il y a deux sortes de crêpes: les crêpes sucrées (avec de
la confiture, des fruits, ou de la glace, par exemple), et
les crêpes salées – des 'galettes' avec du jambon,
du fromage, des tomates etc. Dans une crêperie,
on commence par une galette, et puis on choisit
une crêpe comme dessert.

LA PRÉPARATION DES GALETTES

M. Kérouac prépare une ‹Galette Club›: une galette jambon,
fromage, œuf.
Dans le bol, les ingrédients de base:

de la farine   du lait   et des œufs.

M. Kérouac met du
beurre …

un œuf …

du jambon et
du fromage.

Et voilà:
une galette jambon,
fromage, œuf.

UNE CRÊPE SUCRÉE

C'est Mme Kérouac qui prépare les crêpes sucrées. Ici, elle prépare une ‹Crêpe Princesse›. Voilà la crêpe avec une sauce au chocolat, et de la crème Chantilly …

… de la glace, et des décorations en sucre.

… Et de l'alcool: c'est du Grand Marnier.

‹Bon appétit!›

Choix
Une sélection du menu au ‹Râtelier›

Galettes

Galette beurre	7,00
Galette Club jambon, fromage, œuf	24,00
Galette Club tomate jambon, fromage, œuf, tomate	26,00
Galette Maraichère œuf, tomate, oignons	26,00
Galette Gourmande œuf, tomate, fromage, champignons, crème	32,00
Galette Croque jambon, fromage	20,00
Galette Fermière œuf, fromage	20,00
Galette Forestiere champignons, crème, oignons	26,00

Crêpes

Crêpe beurre - sucre	8,00
Crêpe miel - citron	21,00
Crêpe chocolat - noix de coco	21,00
Crêpe banane - chocolat - Chantilly	26,00
Crêpe Framboisine confiture framboise, Chantilly	22,00
Crêpe Fort de France banane, ananas, rhum, kiwi	35,00
Crêpe Charlotte glace, poire, chocolat	30,00
Crêpe Princesse glace, Chantilly, chocolat, Grand Marnier	35,00
Crêpe Cornet fraises ou banane, glace, Chantilly	30,00

ZIC SUR TERRE 2

QUEL ÂGE AS-TU ?

70 ANS, JE SUIS LE BÉBÉ DE LA FAMILLE !

SOIXANTE-DIX ANS ! MAIS... J'AI TREIZE ANS, MOI !

REGARDE ! DES BONBONS ! DIS, TU AIMES LES BONBONS, TOI ?

J'ADORE LES BONBONS.

JE VOUDRAIS UN MARS, UN CARAMBAR, UN CHEWING-GUM ET UN COCA.

VOILÀ !

ZIC, ZIC, ÇA NE VA PAS ?

TU APPELLES ÇA DES BONBONS ? MAIS IL Y A DU SUCRE DANS LES BONBONS, C'EST DU POISON, ÇA !

ALORS ÇA C'EST VRAIMENT BON !

SCROTCH

SCROTCH !

FRANCE SOIR

EXTRA TERRESTRES

C'EST DÉLICIEUX ! C'EST TRÈS GENTIL À TOI JEAN-LUC !

À SUIVRE...

Carrefour

LAIT DEMI ECREME VIVA "CANDIA".
1 litre.
Soit le litre : 3,75 F.
LE LOT DE 6 : 22,50 F

CHOCOLAT AU LAIT "LINDT".
100 grs.
Soit le Kg : 29,80 F.
LE LOT DE 5 : 14,90 F

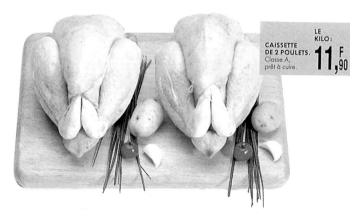

CAISSETTE DE 2 POULETS.
Classe A,
prêt à cuire.
LE KILO : 11,90 F

ORANGINA.
Magnum de 1,5 l.
Soit le litre : 4,18 F.
LE LOT DE 3 : 18,80 F

FRITES PRECUITES SURGELEES "VICO".
Le sachet de 2,5 kg.
Soit le kg : 4,12 F.
10,30 F

MOUTARDE "AMORA"
En verre, 300 grs.
Soit le kg : 15,84 F.
LE LOT DE 2 + 1 VERRE : 9,50 F

JAMBON CUIT "IMBERT".
10 tranches, découenné, dégraissé, choix, moins de 4% matière grasse.
LE KILO : 38,40 F

GATEAU NAPOLITAIN "VENDAMME".
250 grs.
Soit le kg : 28,70 F.
LE LOT DE 2 : 14,35 F

BOISSONS "JUMBO".
Aux extraits naturels d'orange.
Magnum de 2 litres.
Soit le litre : 2,19 F.
LE LOT DE 4 : 17,50 F

GLACES LIEGOIS "MIKO".
Café ou chocolat,
125 ml.
Soit le litre : 15,36 F.
LE LOT DE 5 : 9,60 F

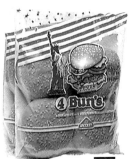

PAINS SPECIAUX POUR HAMBURGERS.
"BUN'S TEXAS".
200 grs.
Soit le kg : 24,75 F.
LE LOT DE 2 : 9,90 F

GATEAUX FOURRES MARMELADE marque "CARREFOUR".
150 grs.
Soit le Kg : 28,67 F.
LE LOT DE 3 : 12,90 F

CREPES SURGELEES "MARIE".
Jambon-fromage, 1 kg.
Soit le kg : 15,10 F.
LE LOT DE 20 : 15,10 F

BONBONS "MENTOS" MULTIPACK.
Mint, fruit ou tropical fruit, 114 grs.
Soit le kg : 43,64 F.
LE LOT DE 2 : 9,95 F

Conversations

1 Tu aimes ...?

J'aime ♡	le jambon.
	le miel.
	le sucre.
	le saucisson.
	le chewing-gum.
	le pâté.
	la confiture.
	les champignons.
	les gâteaux.
	les cerises.
	les tomates.
	les chips.
	les sandwichs.
	les abricots.
	les oignons.
	les pêches.

2 Tu préfères ...?

Qu'est-ce que tu aimes comme sandwich?
Tu préfères le jambon ou le fromage?

Moi, je préfère les sandwichs pâté.

Moi? Bof! Je ne sais pas.

3 Tu voudrais ...

Tu voudrais Tu veux	du poulet?
	de la confiture?
	de l'Orangina?
	un œuf?
	une tomate?
	des champignons?

Informations

1 On mange ...

du jambon — du saucisson — du miel — du sucre — de la confiture — une cerise — des champignons — des chips

2 On aime le/la/l'/les ...

J'aime	le ...
J'adore	la ...
Je n'aime pas	l' (+ voyelle)
Je déteste	les (+ pluriel)
Je préfère	

J'aime l'école. J'aime bien les maths, mais je préfère la géographie.

Ah oui,	j'aime ♡	le poulet. C'est bon!
	j'aime bien ♡ ♡	la confiture. C'est excellent!
	j'aime beaucoup ♡ ♡	l'Orangina. C'est super!
	j'adore ♡ ♡ ♡	les œufs. C'est délicieux!

| Non merci, | je n'aime pas ⊠ | les tomates. C'est mauvais! |
| | je déteste ⊠ ⊠ | les champignons. C'est infect! |

À table

Bonnes idées! *Les goûters du mercredi*
page 128

Interview – Un cuisinier **de collège**
page 123

Humour! *À la cantine*
page 124

DOSSIER DOSSIER DOSSIER DOSSIER DOSSIER DOSSIER DOSSI

Le petit déjeuner, c'est important!

Qui prend un petit déjeuner?

Voilà les résultats d'un sondage dans la région parisienne:

- Je ne prends pas de petit déjeuner. — 3%
- Je prends une boisson seulement. — 27%
- Je prends une boisson et des tartines. — 21%
- Je prends un petit déjeuner complet: un produit laitier + pain ou céréales + une boisson. — 49%

LE PETIT DÉJEUNER, c'est important pour commencer la journée avec énergie. Un ‹petit déjeuner complet› a trois ingrédients essentiels:

1 Un produit laitier: du lait, du fromage, du beurre ou un yaourt. Le lait et les produits laitiers sont une source de calcium, de protéines et de vitamines.

2 Du pain ou des céréales: le pain et les céréales sont riches en sucres (une source d'énergie), en protéines, en sels minéraux (fer, magnésium, phosphore), en vitamine B et en fibres (excellentes pour les intestins).

3 Du liquide: une boisson à base de lait, ou un jus de fruit.

DOSSIER, DOSSIER, DOSSIER, DOSSIER, DOSSIER, DOSSIER, DOSSIER, DOSSIER, DOSSIER, DOSSIER, DOSSI

TÉLÉ CONTACT

QUINZE MINUTES MANGE!

‹Qu'est-ce que tu prends comme petit déjeuner?›

Nicholas pose la question à huit jeunes gens à Rouen. On aime toujours le marché traditionnel en France. La famille de Virginie Honnet va au marché et puis on prépare un repas dans le jardin.

Radio ACTIVE

MICRO MOBILE

À une compétition

Aujourd'hui le Micro Mobile assiste à un jeu un peu différent! C'est très simple: on mange.

Les deux joueurs:
Pierre Labouffe
et Nadine Gourmette.

Feuilleton

Les aventures de la famille Latour

18e épisode: Une invitation à dîner

1 *On déteste la vaisselle … mais on aime les repas!*

2 *Mahmoud invite la famille Latour à un méchoui.*

3 *La famille Ibrahim prépare le méchoui.*

Le couscous

Que sais-tu sur le couscous?

- Choisis ta réponse aux questions 1 à 8.
- Écoute les «Aventures de la famille Latour».
- Change A, B ou C, si tu veux.

1 Le *couscous*, c'est quoi?
  A Le couscous est une spécialité de l'Amérique du Nord.
  B Le couscous est une spécialité de l'Afrique du Nord.
  C Je ne sais pas.

2 Un *méchoui*, c'est quoi?
  A Un méchoui est un repas végétarien.
  B Un méchoui est un repas où on mange de la viande.
  C Je ne sais pas.

3 On mange un couscous quand?
  A On mange un couscous comme petit déjeuner.
  B On mange un couscous comme dîner.
  C Je ne sais pas.

4 Une *merguez*, c'est quoi?
  A Une merguez est une saucisse.
  B Une merguez est un légume.
  C Je ne sais pas.

5 Avec le couscous, on prépare quels ingrédients?
  A On prépare le couscous avec du pâté, du pain
    et de la salade.
  B On prépare le couscous avec du mouton, des saucisses
    et des légumes.
  C Je ne sais pas.

6 Qu'est-ce qu'on prend avec le couscous?
  A Avec le couscous, on prend une sauce piquante.
  B Avec le couscous, on prend de la crème.
  C Je ne sais pas.

7 Qu'est-ce qu'on prend comme boisson avec un couscous?
  A Comme boisson, on prend en général un café au lait.
  B Comme boisson, on prend en général du thé à la menthe.
  C Je ne sais pas.

8 Francine adore qui? Ou quoi?
  A Francine adore le couscous.
  B Francine adore Dédé Latour!
  C Je ne sais pas.

MENUS SCOLAIRES

Voilà des menus
d'un collège français:

```
              MENUS DU 22 AU 27 NOVEMBRE
              ++++++++++++++++++++++++++
                                Charcuterie
LUNDI 22      Entrée            Oeufs à la crème - carottes - macaronis
              Plat principal    Tarte aux pommes
              Dessert

                                Salade verte
MARDI 23      Entrée            Boeuf bourguignon - pommes de terre sautées -
              Plat principal    céléri
                                Mousse au chocolat
              Dessert

                                Carottes râpées
JEUDI 25      Entrée            Poulet rôti - lentilles - petits pois
              Plat principal    Glace
              Dessert

                                Salade de tomates
VENDREDI 26   Entrée            Côte de porc - chou-fleur gratiné - riz
              Plat principal    Yaourt
              Dessert

                                Melon
SAMEDI 27     Entrée            Steak haché - haricots verts - frites
              Plat principal    Fruit
              Dessert
```

EN FRANCE, ON AIME BIEN LA CANTINE!

Une interview avec Louis Lenormand, chef cuisinier au Collège Beurnonville à Troyes.

Étoiles: M. Lenormand, en France la cantine scolaire a bonne réputation, n'est-ce pas?

Louis Lenormand: Oui, c'est vrai. 56% des élèves mangent à la cantine, et en général on est content. Ici, la cantine, c'est un self-service. On aime ça – il y a un choix varié au menu.

Étoiles: Le menu, c'est un menu de cuisine française traditionnelle, ou le *fast-food* style américain?
Louis Lenormand: Du fast-food?! Non, jamais! Si on veut des hamburgers, on va chez McDonald! Pour moi, l'important, c'est un menu

équilibré, avec des vitamines et des protéines.

Étoiles: Qu'est-ce qu'on aime à la cantine?
Louis Lenormand: En première place au hit-parade à la cantine: les frites, les frites, les frites! Les élèves adorent ça. Et puis, comme viande, on aime le poulet. Et comme dessert, on préfère la mousse au chocolat.

Étoiles: Et qu'est-ce qu'on n'aime pas?
Louis Lenormand: Les légumes verts, par exemple le chou-fleur et les haricots verts. On n'aime pas beaucoup les carottes non plus.

◄ *Le chef cuisinier dans la cuisine au CES Beurnonville.*

◄ *Dans la cantine au CES Beurnonville.*

▼ **La charcuterie de France**
Du pâté, du jambon, du saucisson ...
On mange la charcuterie avec une salade, ou avec du pain, ou avec des fruits: du raisin, par exemple.

À la cantine

ZIC SUR TERRE 3

1.
— OUF, BRAVO ZIC! QUE TU ES COURAGEUX! MOI JE DÉTESTE CE TONY. C'EST UNE BRUTE!
— BOF!
— TU ES UN VRAI COPAIN!

2.
— OH REGARDE L'HEURE! MOI, JE VAIS À LA MAISON MAINTENANT. DIS ZIC, TU VIENS AVEC MOI?
— AH OUI, JE VEUX BIEN!
— UN INSTANT, JE TÉLÉPHONE À PAPA ET MAMAN!

3.
— ALLÔ MAMAN? C'EST JEAN-LUC. ÉCOUTE, J'AI UN NOUVEAU COPAIN. IL S'APPELLE ZIC ET C'EST UN HÉROS. MAIS IL A EU UN ACCIDENT.
— ALORS, INVITE TON COPAIN À DÉJEUNER À LA MAISON, SI TU VEUX.
TÉLÉPHONE

4.
— OUI ÇA VA! VIENS! J'HABITE DANS UN APPARTEMENT PRÈS D'ICI. DANS MA CHAMBRE, J'AI DES COLLECTIONS ET DES DISQUES...
— J'AIME BIEN LA MUSIQUE, MOI...
SOIR
RA

5.
— JE VAIS CHEZ UNE FAMILLE TERRESTRE! C'EST BIEN ÇA!
— J'HABITE LÀ AU REZ-DE-CHAUSSÉE.

6.
— ZIC, VOILÀ PAPA, MAMAN ET MA SŒUR YVETTE!
— BONJOUR ZIC!
— SALUT ZIC!
— BONJOUR MONSIEUR, MADAME, SALUT YVETTE!
— BONJOUR ZIC, TU ARRIVES AU BON MOMENT. JEAN-LUC! À TABLE!

7.
— À TABLE! COMME ENTRÉE, ON PREND DE LA CHARCUTERIE. TU AIMES LA CHARCUTERIE, ZIC?
— EUH, MAMAN, ZIC N'AIME PAS ÇA!

À SUIVRE...

Les goûters du mercredi

Un goûter, c'est important tous les jours.
Un goûter, c'est bon quand les cours sont finis, vers 4 heures. Un fruit, du gâteau, une tartine ou une barre de chocolat, ça donne des forces pour le soir.

Le mercredi on n'a pas cours, mais on aime toujours le goûter.
Le mercredi, c'est le jour des enfants, et le goûter, c'est le repas des enfants. Alors un goûter un peu spécial et différent, un goûter du mercredi, c'est une excellente idée!

Des tartines en fleurs!

Une simple tartine, c'est bon, mais une tartine déguisée en fleur, c'est amusant aussi! Voilà cinq idées de ‹tartines fleuries›:

1 Sur le pain il y a du beurre, une rondelle de saucisson juste au centre, et du jambon en forme de pétales.

2 Sur le pain il y a du fromage demi-sel et une rondelle de carotte au centre. Quatre radis forment les pétales.

3 Sur le pain il y a du beurre et du fromage orangé au centre. Les pétales sont en fromage jaune, le gruyère.

4 Sur le pain il y a du beurre et du sucre, avec des raisins secs au milieu. Des noix forment les pétales.

5 Sur le pain il y a du beurre et du miel. On met un fruit au centre – une olive, par exemple – et d'autres fruits – des framboises par exemple, en rond.

Invente d'autres tartines fleuries!

Tartine fleurie charcutière

Tartine fleurie potagère

Tartine fleurie fromagère

Tartine fleurie à la noix

Tartine fleurie aux fruits

Goûters de toutes les couleurs!

Des goûters tout en couleurs, c'est amusant.
C'est joli aussi si tu présentes les tartines sur un napperon de la même couleur.

Goûter orangé

La tartine orangée Du fromage orangé et deux rondelles de carottes.
La salade de fruits orangée Des quartiers d'oranges, des abricots et du melon.
La boisson orangée Le jus d'une orange et de la limonade.

Goûter blanc

La tartine blanche Du fromage demi-sel et des rondelles de radis.
Le dessert blanc Du yaourt nature avec du sucre; une meringue blanche.
La boisson blanche Du lait.

Goûter vert

La tartine verte De la mayonnaise et des herbes et quatre rondelles de concombre.
La salade de fruits verte Du kiwi, du raisin vert, une pomme verte et du sucre.
La boisson verte Le jus d'un citron, du sirop de menthe et de la limonade.

Goûter rose

La tartine rose Du jambon et des radis.
Le dessert rose De la glace à la fraise, des biscuits roses et comme décoration des fruits: des framboises, ou des fraises, ou des cerises.
La boisson rose Du lait et du sirop de fraise.

Goûter orange

Goûter blanc

Goûter vert

Goûter rose

Fabrication d'un napperon

Prends du papier de 12 cm de côté. Plie le papier en deux en diagonale, puis encore en deux, puis encore en deux, et découpe avec les ciseaux.

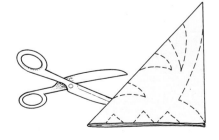

Conversations

1 Qu'est-ce que tu prends au petit déjeuner?

Je prends	des cornflakes.
	des céréales.
	un croissant.
	du bacon.
	une tartine.
	un yaourt.
	des toasts.
	un jus d'orange.
	un jus de fruit.
	un café au lait.
	un chocolat chaud.

2 Qu'est-ce que tu prends au déjeuner?

Au déjeuner	je prends	un ...	une ...
Au goûter		du ...	de la ...
Au dîner		de l'...	des ...

3 Qu'est-ce que tu prends comme ...?

Comme fruit, je prends du raisin.

Comme légumes, je prends des pommes de terre, des haricots verts, des petits pois, du chou-fleur et du céléri.

Moi je ne prends pas de légumes!

Comme viande je mange du steak haché ou du boeuf.

Moi je ne mange pas de viande!

Comme dessert, je prends de la tarte aux pommes.

Informations

1 On mange...

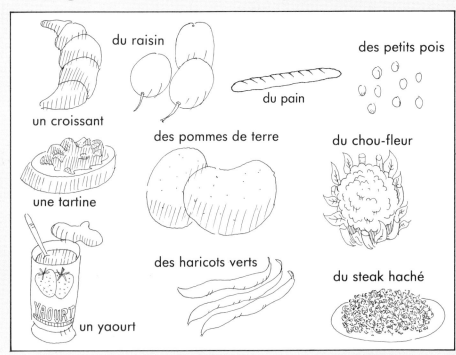

un croissant
du raisin
du pain
des petits pois
une tartine
des pommes de terre
du chou-fleur
des haricots verts
du steak haché
un yaourt

2 Les repas

le petit déjeuner | 7:00 | ... | 9:00 |

le déjeuner | 12:00 | ... | 14:00 |

le goûter | 15:30 | ... | 17:30 |

le dîner | 18:00 | ... | 21:00 |

3 Les plats

Au déjeuner et au dîner en France:

on commence avec une **entrée**
   (*exemples* de la soupe
          de la charcuterie)

puis, on prend **le plat principal**
   (*exemples* de la viande et des
          légumes
          du poisson

et on finit avec un **dessert**.
   (*exemples* de la glace
          de la tarte)

Zic en danger! page 134

Une journée au Japon page 132!

Un matin dans la vie de Louis XIV page 136

Ta journée

Radio ACTIVE

Jeu

C'est quel animal?

Jean-Pierre Dubois pose des questions sur les habitudes des animaux. Regardez les sept dessins d'animaux, écoutez les sept descriptions, et identifiez les animaux!

un caméléon

un chat

un coq

un crocodile

un hibou

un singe

une tortue

Feuilleton

Les aventures de la famille Latour

19ᵉ épisode: Mercredi

Albert va à la discothèque *Club 2000* mercredi soir, et il a invité Marie-Isabelle, Dédé et Francine. Mais quand Marie-Isabelle est difficile, Dédé n'est pas content . . .

1 *Mardi soir.*

2 *Qui va au marché avec Mémé, mercredi matin?*

3 *Marie-Isabelle se réveille . . . à 11 heures!*

4 *Mercredi après-midi: Loulou rentre du parc; Marie-Isabelle rentre du marché.*

5 *Mercredi soir: Dédé, Francine et Albert sont là – mais où est Marie-Isabelle?*

La journée de Hiroshi

Voici la journée de Suzuki Hiroshi[1], un jeune Japonais de 13 ans. Hiroshi habite à Tokyo, la capitale du Japon.

7 heures

Je me réveille à 7 heures, et je me lève vite. Au Japon, on n'a pas de lit. Je me couche sur un tapis-matelas. Le matin, quand je me lève, je pose mon tapis-matelas près du mur. Pour l'école, j'ai un uniforme noir.

[1]Au Japon, on place le prénom après le nom de famille.

L'uniforme scolaire au Japon.

On mange dans le salon.

7 heures 15

À sept heures et quart je prends le petit déjeuner en famille, dans le salon. C'est un petit déjeuner très japonais: du riz avec une sorte de soupe. Dans le salon, il y une petite table, un tapis, des rideaux, et un bureau – c'est tout. Au Japon, on n'aime pas les chaises, les canapés, les buffets, les commodes etc. – on préfère la simplicité et la beauté.

7 heures 30

À sept heures et demie papa part pour l'usine. Il travaille dans une grande entreprise <Mitsui>. Maman ne part pas – elle travaille à la maison et elle regarde beaucoup la télévision quand papa n'est pas là. Elle n'aime pas beaucoup ça, mais voilà, c'est la tradition. Une femme mariée n'a pas d'emploi. La tradition est très importante au Japon.

7 heures 45

Je pars pour le collège. J'habite dans une ville énorme; il y a 30 millions d'habitants dans la région de Tokyo. La population et la pollution sont de gros problèmes. Je prends le train à 7 heures 45, et j'arrive à mon collège au centre-ville à 8 heures 30.

8 heures 30

J'ai cours de 8 heures 30 à 15 heures, avec une pause pour le déjeuner. On travaille dur. Les matières importantes à mon emploi du temps sont les mathématiques, l'anglais et le japonais. Le japonais est très difficile. En japonais, il n'y a pas

C'est difficile, le japonais, mais c'est beau.

d'alphabet, il y a des caractères. Un caractère, c'est un signe qui représente un mot ou une idée. Moi, à 13 ans, je lis et j'écris 900 caractères. Mon frère de 18 ans écrit 2 000 caractères. Il y a 6 000 caractères dans le dictionnaire. C'est difficile, le japonais, mais c'est beau.

15 heures

Les cours sont finis, mais je ne rentre pas à la maison. L'après-midi on fait du sport. Moi, je fais du tennis de table et puis du base-ball. Le base-ball, c'est une passion nationale!

17 heures

À 17 heures je rentre chez moi, je dîne rapidement, et je pars … pour l'école! Oui, trois soirs par semaine, et aussi le dimanche matin, je vais à une seconde école! Une école du soir, c'est normal pour les enfants de mon âge. On respecte l'école et … on travaille!

22 heures 30

Je rentre à la maison, je me lave et je prends un bain. Oui, je me lave et puis après je prends le bain, dans la tradition japonaise. Oh, c'est bien, un bain!

Au Japon, on se lave et puis on prend un bain.

23 heures

En général je me couche vers 11 heures. Mais quand je vais à l'école du soir je commence mes devoirs, les devoirs des deux écoles, après mon bain.

Minuit et demi

Aujourd'hui je me couche à minuit et demi.

La journée de Hiroshi est différente de ta journée à toi? Cherche cinq différences importantes.

Une piscine à Tokyo. La population est un gros problème.

Zic dit aussi:

‹J'ai une sœur qui s'appelle Zoc. Le matin, elle se réveille, elle se lève, elle se lave, elle se brosse les cheveux, elle se brosse les dents, elle s'habille et elle se maquille.› Dessine un vidéoclip de la journée de Zoc.

Un matin avec Louis XIV

Le roi Louis XIV habite au Palais de Versailles de 1682 à 1715. Tous les jours, toute la journée, il y a des cérémonies. Avec Louis XIV, les moments ordinaires sont spectaculaires!

1 **À huit heures** le ‹premier valet de chambre› (le serviteur qui se couche dans la chambre du roi) se réveille et se lève. Il va au grand lit royal, ouvre les rideaux de satin, et annonce «Sire, voilà l'heure!»

2 Puis, le premier valet de chambre ouvre la porte de la chambre avec cérémonie. Deux médecins entrent et examinent le roi.

3 **À huit heures et quart** la famille royale arrive dans la chambre. Le valet offre une bassine, et le roi se lave les mains et le visage avec un alcool parfumé. Il se lave vite; il n'aime pas se laver, et il ne prend pas de bain. Enfin arrive le grand moment: le roi se lève!

4 **À huit heures et demie** le barbier royal arrive avec des aristocrates. Le barbier rase le roi; tout le monde regarde avec respect.

5 **À neuf heures** des ministres importants arrivent dans la chambre. Maintenant Louis s'habille, avec l'aide de deux personnes nobles ou royales – le fils et le frère du roi, par exemple.

6 **À neuf heures et quart** Louis XIV donne des ordres pour la journée. On écoute avec attention! Aujourd'hui, jeudi, il travaille avec les architectes du palais le matin; l'après-midi il va à la forêt à cheval; et le soir il y a une fête dans les jardins.

Louis XIV n'a pas de moments privés.
Il se lève, il mange, il se couche ... tout en public.

7 À neuf heures et demie le premier valet ouvre la porte de la chambre, et le public entre. On pousse, on regarde, on écoute le roi – en silence. On ne parle pas dans la chambre royale! Si Louis est de bonne humeur, il dit bonjour à un homme ou à une dame. Quel honneur!

8 À dix heures moins le quart Louis XIV part pour la chapelle. Dans la grande galerie, il y a beaucoup de courtisans. «Attention! Voilà le roi! Il arrive! Il passe!»

9 Louis XIV va à la chapelle tous les jours à dix heures. Il attache une grande importance à la religion. Il est catholique, comme la majorité des Français, et il déteste et persécute les protestants.

10 Il est midi et demi. La cérémonie du déjeuner commence dans une demi-heure! Tout le monde va à la grande salle à manger. Dans la salle à manger il y a une chaise – une seule – et une table: pour le roi. Les autres personnes ne mangent pas.

11 À une heure moins dix une procession solennelle arrive: c'est le déjeuner du roi, escorté de soldats armés.

12 Devant la table du roi, quatorze gardes sont postés. Derrière la table il y a des musiciens. À une heure précise, il y a un grand silence – la musique commence – et Louis XIV mange!

Les cérémonies à Versailles sont splendides …
mais extravagantes, et ruineuses pour la France.

13 Le roi a un appétit énorme. Aujourd'hui il prend de la soupe, un poulet, une salade, du jambon, un mouton, des fruits, des œufs et des gâteaux, avec du vin de Champagne. Maintenant il a une indigestion.

14 Le soir il y a une fête fantastique dans les jardins. Quand elle finit à minuit, le roi se couche avec d'autres cérémonies rituelles.

L'emploi du temps – Sa Majesté

Imagine que tu habites au Palais de Versailles en 1690. Pour toi, les actions du roi sont TRÈS importantes!

Complète l'emploi du temps de Sa Majesté.
 1 Le roi se réveille à …
 2 Il se lave et se lève à …
 3 Il se rase à …
 4 Il s'habille à …
 5 Il donne des ordres à …
 6 Le public entre dans la chambre du roi à …
 7 Le roi part pour la chapelle à …
 8 Il arrive à la chapelle à …
 9 Il prend le déjeuner à …
 10 Il se couche à …

Conversations

1 Qu'est-ce que tu fais?

Le matin	je me lève.
L'après-midi	j'arrive.
Le soir	je travaille.
Et puis	je fais mes devoirs.
	je prends le bus.
	je prends un bain.
	je prends une douche.
	je pars.
	je rentre.
	je me couche.

2 Tu te lèves à quelle heure, en général?

Comment tu t'appelles?
Et tu te couches à quelle heure?

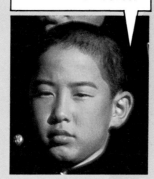

Je m'appelle Hiroshi. Je me lève à 7 heures et je me couche à 23 heures.

Informations

1 je, j'

je → j' + a, e, i, o, u, h

j'arrive, **j'a**i, **j'h**abite.

2 se, s'

Voilà un roi de France. Il **s'a**ppelle Louis XIV. Il **se** lève à huit heures et il **se** couche à minuit et demi.

Activités

En Normandie – *La vie des jeunes* page 140

Des correspondants *dans le monde entier* page 142

SONDAGE

On préfère la télé, la radio … ou le silence?

Toi, tu regardes ou écoutes les médias quand?
Écris cinq phrases.

Commence.

Je regarde la télévision…
Je regarde une film en vidéo…
J'écoute la radio…
J'écoute de la musique…
J'écoute mon walkman…
Je préfère le silence…

quand j'ai fini mes devoirs.

quand il n'y a pas de bonnes émissions à la télé.

quand je prends un bain.

quand je mange le soir.

quand je me lève le matin.

quand je prends le petit déjeuner.

quand je vais à l'école.

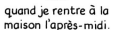

quand je rentre à la maison l'après-midi.

quand je fais mes devoirs.

JEUX QU'EST-CE QU'ON FAIT COMME SPORT?

Regarde bien les photos! Qu'est-ce qu'on fait?

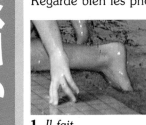    

1 *Il fait …* **2** *Il fait …* **3** *Elle fait …* **4** *Il fait …* **5** *Elle fait …*

6 *Il fait …* **7** *Elle fait …* **8** *Il fait …* **9** *Elle fait …* **10** *Il fait …*

Radio**A**ctive

L'équipe de *RadioActive* – Caroline Roland et Jean-Pierre Dubois – présente deux émissions en direct de la ville de Coutances.

Reportage
Juniorscopie

Caroline est en visite au club des jeunes à Coutances, où elle pose la question ‹Qu'est-ce que tu fais comme activités?›

Valérie dit ‹Bienvenue au club!›

On aime bien les jeux au club. Ici, on joue au babyfoot.

Il y a une collection de BDs.

Alain au club.

Jeu
Questions, questions!

Jean-Pierre pose des questions à deux jeunes habitants de Coutances. Aujourd'hui les questions sont sur le sport.

Feuilleton

Les aventures de la famille Latour

20ᵉ épisode: La Maison des Jeunes

Aujourd'hui le maire de Paris ouvre la nouvelle *Maison des Jeunes* dans la rue Rose.

1 *La nouvelle Maison des Jeunes est finie.*

2 *Le maire fait la cérémonie d'ouverture; Marie-Isabelle choisit des activités.*

3 *On a des surprises pour Marie-Isabelle!*

**Maison des Jeunes
～ rue Rose ～**

Carte d'adhésion: 20 F

Activités sportives
Arts martiaux
Basket-ball
Escrime
Gymnastique
Hand-ball
Tennis de table
Volley-ball
Activités culturelles
Artisanat
Danse classique
Guitare
Informatique
Photographie
Théâtre

Activités à la Maison des Jeunes.

LES PASSE-TEMPS

Aujourd'hui *Quinze Minutes* interviewe des jeunes de Rouen sur les passe-temps et les préférences.

Interviews sur les sports
Les sports préférés de huit jeunes gens.

Les passe-temps de Sébastien
Regardez les passe-temps préférés de Sébastien: le foot et la cuisine.

Peggy et Tanya
Peggy Tel fait du patinage et des jeux avec sa copine Tanya.

Interviews sur les matières
Huit interviews sur les matières préférées.

Correspondants

- **Un correspondant,
une correspondante**
C'est un copain ou une copine qui n'habite pas près de chez toi, et qui correspond avec toi par lettres.

> aimant = qui aime

**1 ANTHONY DESPORTES
(Caulnes, France).** Je cherche un(e) correspondant(e) anglais(e), ayant 12 ou 13 ans, parlant français, aimant l'informatique, les livres et l'histoire.

2 SOPHIE BONNECASE (Douai, France). Je cherche une correspondante de 13–14 ans, aimant le sport, les animaux, la nature, la musique classique et moderne.

**3 IWONA OLEKSIEWICZ
(Ostrowiec, Pologne).** J'aimerais correspondre avec des Français. Je collectionne des timbres. Je m'intéresse à la musique, au sport, au cinéma et à la danse.

4 NANCY RASS (Tuléar, Madagascar). J'ai 13 ans. Je cherche des correspondants qui aiment le judo, le karaté, la danse, le football et les animaux.

5 MAHMOUD NASSER EL ANSARY (Le Caire, Égypte). Je suis Égyptien. J'aime l'histoire des pays, la géographie, les animaux et le sport.

6 GAËLLE FIEVEZ (Lillois, Belgique). Je suis une fille de 12 ans. Je cherche des correspondants (garçons et filles) qui collectionnent les autocollants ou les timbres.

7 MURIEL COMBE (Famel, France). Je cherche des correspondants parlant français ou anglais, aimant la danse, la musique pop, le cinéma, la liberté et le football.

8 CYRILLE CHTCHELOCHKOV (St Petersbourg, CEI). J'ai 13 ans et je cherche un(e) correspondant(e) de mon âge. Je collectionne les timbres et j'adore les petits poissons. Écrire en français ou en anglais.

9 MARIE FRENOL (Marjevois, France). Je m'intéresse à la nature, au dessin, à la musique pop, à la photo et à toute poésie. Qui voudrait correspondre avec moi?

10 CHRISTOPHE PLISSON (Montlouis-sur-Loire, France). Je cherche un correspondant, habitant la montagne, aimant les chevaux et les jeux électroniques.

11 SERVANE LE GAGNE (St-Malo, France). Je cherche correspondant, 12–13 ans, habitant la Guadeloupe, aimant le sport, la musique, le dessin et la lecture.

12 CHRISTOPHE GAUTHIER (Carcassonne, France). Je cherche un correspondant, 13–15 ans, de n'importe quel pays, s'intéressant à l'informatique.

13 ALEXANDRE CHATAIN (Nancy, France). Je cherche un(e) correspondant(e) de 12 à 14 ans. J'aime la télé, les films comiques, le sport et les animaux.

JEU DE ‹ZIC SUR TERRE›

Regarde les phrases 1 à 5. C'est une langue extra-terrestre? Non, c'est du français – mais en anagrammes!

Mets les lettres dans le bon ordre et trouve cinq phrases sur les passe-temps de Jean-Luc et de Zic.

1 aeJn-cLu aift du oprst au bclu. *(Images 3, 4)*
2 aeJn-cLu aeim el deiqus éééfprr de ciZ. *(Images 8, 9)*
3 ciZ a des cceillnoost de deiqssu et de hoopst. *(Images 8, 10)*
4 aL aeèlnpt eéééfprr de ciZ, c'est al eerrT. *(Images 11)*
5 aeJn-cLu et ciZ nost des acinops. *(Image 12)*

Conversations

1 Qu'est-ce que tu aimes comme passe-temps?

Je regarde	la télé.	
	des films en vidéo.	
	des films.	
J'écoute	de la musique.	
	la radio.	
	des cassettes.	
	des disques.	
Je joue avec	des copains.	
	mon ordinateur.	

J'aime	le	sport.	
		cinéma.	modelisme.
		dessin.	scoutisme.
	la	musique.	lecture.
		photographie.	cuisine.
		nature.	danse.
	l'	informatique.	
	les	collections.	animaux.
		chevaux.	jeux.

2 Qu'est-ce que tu fais comme sport?

Je fais	du	foot(ball).	rugby.
Tu fais		ski.	hockey.
… fait		golf.	canoë.
		hand(-ball).	volley(-ball).
		tennis.	basket(-ball).
		badminton.	jogging.
		cricket.	tennis de table.
		cyclisme.	snooker.
	de la	boxe.	pêche.
		gymnastique.	planche à voile.
		lutte.	voile.
		natation.	
	de l'	alpinisme.	équitation.
		athlétisme.	escrime.
	des	arts martiaux.	randonnées.

3 Quel est ton … préféré?

Informations

1 Des passe-temps

la lecture · la cuisine · le scoutisme · les chevaux · le modélisme · le dessin · les jeux

2 Des sports

la lutte · le patinage sur glace · le patinage à roulettes · la natation · le tir à l'arc · la pêche · la voile · une randonnée · l'escrime · la planche à voile · l'équitation · l'alpinisme

Quel est ton	programme passe-temps sport	préféré?	

Mon	programme passe-temps sport	préféré, c'est	«…» le … la … l'…

Ah, le beau temps!

Au revoir à Zic!

Au revoir à la famille Latour!

Et ‹Bonnes Vacances› à tout le monde!

DÉSASTRES ET CATASTROPHES!

Regarde les images, lis les définitions, et identifie les désastres et catastrophes!

Photo numéro 1, 'une avalanche', c'est **a**, **b**, **c**, **d**, **e**, ou **f**?

1 Une avalanche.

2 La sécheresse.

3 Un tourbillon.

4 Un typhon.

5 Une inondation.

6 Une forêt dans une région de pluie acide.

a Un vent très fort, qui tourne très vite.
b Un orage violent sous les tropiques.
c Le résultat quand il pleut beaucoup et longtemps.
d La pollution est transportée quand il fait du vent, et puis elle descend quand il pleut.
e C'est un danger en montagne quand il neige beaucoup.
f Il ne pleut pas et il n'y a pas de plantes.

QUEL TEMPS FAIT-IL AUJOURD'HUI?

Identifie les conditions météorologiques!

Regarde les images 1–7, et lis les phrases a–g. Numéro 1, c'est quelle lettre?

a Il y a du brouillard.
b Il fait chaud.
c Il y a des nuages.
d Il pleut.
e Il y a du vent.
f Il y a de l'orage.
g Il fait froid.

Quel temps fait-il sur d'autres planètes?

Mercure

Sur la planète Mercure il fait très, très chaud à midi (350 degrés Celsius), et très, très froid à minuit (−160·degrés)! Il n'y a pas de nuages et il ne pleut pas.

Vénus

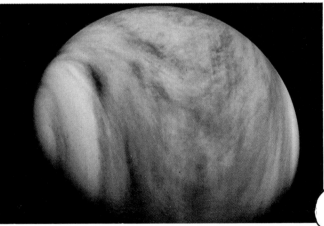

Sur la planète Vénus il fait très chaud. 450 degrés est une température typique sur la surface de la planète! Il y a des nuages, du brouillard et de l'orage tous les jours. Il pleut aussi, mais attention: il pleut de l'acide sulfurique!

La Terre

Le climat de la Terre est compliqué et variable. Vers les pôles, il fait froid, il neige, il gèle et il y a du vent violent. En été, le Soleil ne se couche pas. À l'équateur il fait chaud et il pleut tous les jours.

Mars

Sur Mars, il fait froid, mais il ne neige pas. Il ne pleut pas, mais il y a des vents très forts. Il y a des orages dans de vastes déserts.

Jupiter

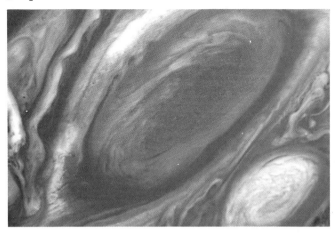

Dans l'atmosphère de Jupiter il y a des nuages d'hydrogène, et un énorme orage permanent qui s'appelle la 'tache rouge'.

Saturne

Sur Saturne, comme sur Jupiter, il y a des nuages denses dans l'atmosphère d'hydrogène. À l'équateur, il y a un vent fort, mais il n'y a pas de vent aux pôles. Il fait très froid.

La météo dans le système solaire

‹Attention, regardez la météo. Quel temps fait-il dans le système solaire?›

La famille de Zic fait une excursion dans le système solaire. Quelle est la météo pour le voyage?

BEAU TEMPS,

Le climat en France

En France, en général, il fait chaud au mois de juillet et il fait froid au mois de janvier. Mais il y a des variations régionales.

Ici il pleut beaucoup (200 jours par an), en hiver et en été. Quand il y a du vent de l'océan Atlantique, il y a de terribles orages. En hiver, il ne fait pas très froid, il ne gèle pas beaucoup, et la neige est une exception.

Ici il fait froid, et il neige en hiver. En été, il pleut et en général il ne fait pas très chaud.

Ici, à la montagne, il y a souvent du brouillard dans les vallées. En hiver, il fait froid et il neige. En été il ne fait pas très chaud.

Ici, il y a un vent violent qui s'appelle le Mistral. Quand il y a du vent, il fait froid et mauvais. Mais en général, quand il n'y a pas de vent, le climat est excellent. Il fait très beau en été: il fait chaud, il ne pleut pas, il y a du soleil. Et en hiver, il ne fait pas froid.

Ici, il fait froid en hiver. En été, il fait chaud et il ne pleut pas.

Brest • Paris • Strasbourg • VOSGES • Bordeaux • MASSIF CENTRAL • ALPES • Mistral • PYRÉNÉES • Marseille

Les grandes vacances

Juillet et août sont les mois des ‹grandes vacances›, quand les écoles sont fermées et les enfants sont en liberté. C'est bien, les grandes vacances! On ne va pas à l'école, on ne travaille pas. On s'amuse à la maison, ou on fait des visites et des excursions, ou on part en vacances.

Le 14-juillet

Le 14 juillet c'est la fête nationale française. Le tricolore, le drapeau français, flotte sur les balcons et aux fenêtres de beaucoup de maisons. À Paris, il y a un grand défilé militaire; les troupes sont présentées au Président de la République. Et la musique! Dans les rues des villes et villages il y a des orchestres, des fanfares et des musiciens. On écoute ‹La Marseillaise›, l'hymne national français; on danse dans des discos et des bals; on mange et on s'amuse; et enfin on admire des feux d'artifice spectaculaires.

Tricolore *signifie ‹trois couleurs›: bleu, blanc, rouge.*

TEMPS DES VACANCES!

Un défilé militaire sur les Champs-Élysées à Paris.

Un feu d'artifice.

Marseillaise

Allons enfants de la patrie,
Le jour de gloire est arrivé.
Contre nous de la tyrannie,
L'Étendard sanglant est levé (*bis*)
Entendez-vous dans les campagnes
Mugir ces féroces soldats,
Ils viennent jusque dans vos bras
Égorger vos fils, vos compagnes.

Refrain
Aux armes, citoyens!
Formez vos bataillons!
Marchons, marchons,
Qu'un sang impur
Abreuve nos sillons.

*‹La Marseillaise›,
l'hymne national français,
écrit par Rouget de Lisle
en avril 1792.*

Et toi?

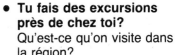

- **Tu pars en vacances
  en été?**
  Tu préfères les vacances ...
  à la campagne?
  à la montagne?
  au bord de la mer?

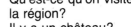

- **Tu fais des excursions
  près de chez toi?**
  Qu'est-ce qu'on visite dans
  la région?
  Il y a un château?
  Une plage?

- **Tu t'amuses ici?**
  Alors, qu'est-ce que tu fais?
  Tu vas à un concert?
  Tu vas à des matchs?
  Tu vas au cirque?

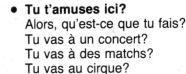

- **Qu'est-ce que tu fais
  quand il fait beau?**
  Tu fais du camping?
  Tu fais des pique-niques?
  Tu fais des promenades à
  vélo?

Passe-temps ... spectacles

Concours touristique

Jean-Pierre Dubois de *RadioActive*, avec Étoiles, présente un CONCOURS TOURISTIQUE.

Écoutez Jean-Pierre, qui pose dix questions au sujet du tourisme en France et en Angleterre.

Pour les questions 1 à 8, Jean-Pierre propose deux options, **a** et **b**. Décidez si la réponse est **a** ou **b**, et choisissez le numéro de la photo de la bonne réponse.

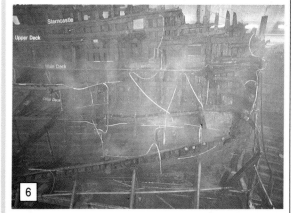

Pour les questions 9 et 10 il n'y a pas de photos.

Feuilleton

Les aventures de la famille Latour

21ᵉ épisode: Bonnes vacances!

À Paris il fait chaud – trop chaud – et la famille Latour parle des vacances …

1 *Qu'est-ce qu'on veut comme vacances?*

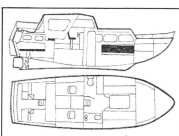

SPÉCIFICATIONS
- Longueur 9,50m
- Nombre de couchettes 6-8
- Moteur .... Peugeot diesel
- Batterie .... 2 x 105 A/h-12V

Cuisine équipée + réfrigérateur.
Toilette marine + douche.

2 *Loulou a une brochure sur les vacances en bateau en Bretagne.*

3 *Maintenant on a une voiture pour les vacances.*

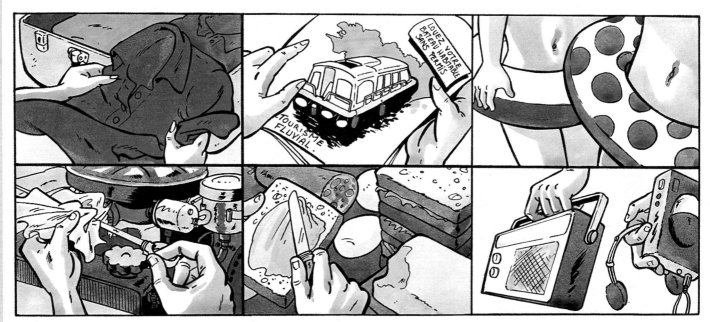

4 *C'est le 13 juillet. Tout le monde est occupé chez la famille Latour.*

5 *Marie-Isabelle prend une photo du pauvre Albert en vacances!*

St-Malo, Bretagne, France.

EN VACANCES!

Échanges en France
Caroline et Mélanie, deux jeunes Anglaises, sont en visite chez des familles françaises. Regardez l'arrivée de Caroline chez Emmanuelle, et Mélanie au déjeuner chez Gaëlle. L'après-midi, les quatre filles vont à un parc d'attractions.

Nicholas au bord de la mer
Nicholas va à Berck-Plage, où il observe les visiteurs sur la plage.

Nicholas et la fête nationale
Nicholas interviewe des jeunes Rouennais, et puis regarde les festivités du 14-juillet à Rouen.

Les jeunes en vacances
On va où, en vacances?
Qu'est-ce qu'on fait?
Écoutez les réponses de neuf jeunes gens et regardez un film de vacances en Guadeloupe.

Jeu test

ALORS, TU PARS EN VACANCES ...

Les vacances, pour toi, c'est l'aventure, la tranquillité ou les distractions?

1 C'est le premier jour des vacances et le soleil brille.
 a Tu te lèves à 8 heures: tu fais du jogging quand il fait beau.
 b Tu te lèves à 10 heures et puis tu organises un pique-nique avec des copains.
 c Tu te lèves à midi et puis tu regardes des films en vidéo dans le séjour.

2 Il fait chaud et tu fais un pique-nique. Tu vas où?
 a Tu montes au sommet d'une montagne.
 b Tu vas à la plage.
 c Tu cherches un petit village pittoresque.

3 Tu passes une semaine en famille à la campagne et papa propose des randonnées. Tu dis:
 a ‹Papa, je préfère les promenades à vélo.›
 b ‹Papa, je préfère les promenades en voiture.›
 c ‹Papa, je préfère les promenades à cheval.›

4 Ta famille fait du camping. Qu'est ce que tu voudrais?
 a Un terrain de camping en ville, bien équipé avec piscine, magasins, électricité, jeux, etc.
 b Le camping sauvage dans une forêt dense et noire.
 c Un joli petit terrain de camping à la campagne.

5 Tu fais du camping à la campagne. Qu'est ce que tu fais le soir?
 a Tu fais de la musique avec des copains: on joue de l'accordéon et de l'harmonica.
 b Tu vas à un concert de musique folklorique dans le village.
 c Tu vas en ville dans une disco.

6 On est à la plage.
 a Tu restes au soleil.
 b Tu observes les crabes, les oiseaux et les poissons.
 c Tu fais du volley-ball.

7 Tu es en vacances dans une petite ville historique. Il pleut.
 a Tu visites le musée et le château: tu trouves l'histoire de la région très intéressante.
 b Tu fais les magasins au centre-ville, et tu choisis des cadeaux pour des copains.
 c Tu vas au cinéma et tu regardes un film comique.

8 L'office de tourisme en ville organise trois excursions. Qu'est ce que tu préfères?
 a L'excursion à un parc d'attractions.
 b L'excursion à une rivière où tu fais du canoë et de la voile.
 c L'excursion à un zoo dans une réserve naturelle.

Résultats à la page 156.

RÉSULTATS DU JEU-TEST
ALORS, TU PARS EN VACANCES …

Pour les questions 1–8,
note si tu choisis **a**, **b** ou **c**.
Fais le total de tes points:

1 a 3, **b** 2, **c** 1
2 a 3, **b** 1, **c** 2
3 a 2, **b** 1, **c** 3
4 a 1, **b** 3, **c** 2
5 a 2, **b** 3, **c** 1
6 a 1, **b** 2, **c** 3
7 a 3, **b** 2, **c** 1
8 a 1, **b** 3, **c** 2

8–13 points
pour toi, les vacances, c'est
Les distractions

En vacances, tu t'amuses, tu
ne travailles pas et tu ne fais
pas beaucoup d'efforts.
Tu n'aimes pas
beaucoup les activités
sportives; tu préfères le
confort et les distractions
passives – vidéos, disques
et films.

14–19 points
pour toi, les vacances, c'est
La tranquillité

Toi, tu aimes bien la nature:
les animaux, la campagne,
la beauté. Tu es sociable et
sympa. En vacances, tu
aimes les expériences un
peu différentes et nouvelles,
mais tu ne veux pas
d'aventures dangereuses.

20–24 points
pour toi, les vacances, c'est
L'aventure

Toi, tu aimes bien
l'aventure, la nouveauté,
l'effort et les difficultés. Tu
préfères les problèmes au
confort! En vacances,
tu es une personne active,
sportive et curieuse.
Tu adores l'exploration
d'une nouvelle ville
ou région.

Conversations

Informations

1 Quel temps fait-il?

Il pleut. Il neige. Il gèle.

2 Qu'est-ce que tu fais quand il fait beau?

Je fais	des excursions.
	des promenades à vélo.
	des promenades en bateau.
	des promenades en voiture.
	des pique-niques.
	du camping.
Je pars en vacances.	

Il fait chaud. Il fait beau. Il y a des nuages.

Il fait froid. Il fait mauvais. Il y a du soleil.

Il y a du vent. Il y a du brouillard. Il y a de l'orage.

3 Qu'est-ce que tu fais en vacances?

Je vais	au	centre-ville.
		bord de la mer.
		cirque.
		théâtre.
		zoo.
	à un	château.
		parc d'attractions.
		concert.
		match.
		musée.
	à la	campagne.
		mer.
		montagne.
		plage.
	à une	rivière.

1 Des attractions

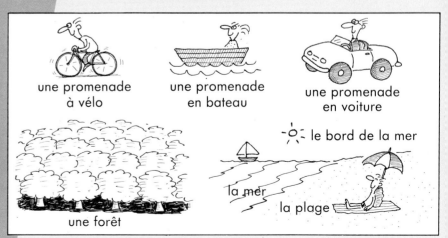

une promenade à vélo   une promenade en bateau   une promenade en voiture

une forêt   le bord de la mer   la mer   la plage

RÉPERTOIRE

A lot of the words in *Étoiles* aren't in this list. If you can't find the French word you're looking for . . .

■ Does it begin with a capital letter?
Then it might be the name of a person or a place.

■ Does it begin with **m', me, s', se, t', te**?
These don't mean much on their own. Look up the word which follows them in the text.

■ Does it look like any English word?
Try to think of one which makes sense.

■ Does it end in **e, s, es, x** or **nt**?
Try again without those letters.

■ Does it end in **aire, té, é, eux, euse, ique, ant**?
Try changing the endings:

French	English	Example
aire	ary	**primaire** = *primary*
té	ty	**beauté** = *beauty*
é	ed	**fixé** = *fixed*
eux, euse	ous	**curieux, curieuse** = *curious*
ique	ic	**musique** = *music*
ant	ing	**charmant** = *charming*

■ Or perhaps it's not very important!

à *to, at, in*
un **abricot** *apricot*
accompagné *with*
un **acteur** *actor*
une **actrice** *actress*
adhésion *membership*
adieu *farewell*
une **agence** *agency*
j' **ai** *I have*
aïe! *ow!*
une **aiguille** *clock hand*
aime *like(s)*
aimerais *would like*
alcoolisé *alcoholic*
l' **Allemagne** *Germany*
allemand *German*
allez! *go on!*
allô *hello*
alors *so, then, well*
l' **alpinisme** *climbing*
une **amande** *almond*
une **ambassade** *embassy*
un **ami** *friend*
amuse-toi! *have fun!*
un **an** *year*
un **ananas** *pineapple*
ancien *former*
anglais *English*
l' **Angleterre** *England*
un **anneau** *ring*
une **année** *year*
un **anniversaire** *birthday*
août *August*
un **appartement** *flat*
appelle(s) *am/is/are called*
après *after*
l' **après-midi** *from*
d' **après** *afternoon*
un **arbre** *tree*
un **arc-en-ciel** *rainbow*
un **arche** *ark*
l' **argent** *money*

une **armée** *army*
une **armoire** *wardrobe*
arrêtez *stop*
une **arrivée** *arrival*
l' **artisanat** *arts and crafts*
tu **as** *you have*
un **as** *one (on dice)*
asseyez-vous! *sit down!*
assez *enough, fairly*
un **astrologue** *astrologer*
un **astronef** *spacecraft*
l' **athlétisme** *athletics*
attend, attendez *wait(s)*
attention! *watch out!*
parc d' **attractions** *theme park*
au *at the, to the, in*
audacieux *bold*
aujourd'hui *today*
aussi *also*
un **auteur** *author*
un **autocollant** *sticker*
une **autoroute** *motorway*
autour *around*
un(e) **autre** *another*
aux *in, to the, at the*
avance *go forward*
d' **avance** *in advance*
avant *before*
avec *with*
un **avion** *plane*
avril *April*

une **baguette** *French loaf*
un **bain** *bath*
un **bal** *dance*
un **baladeur** *walkman*
Balance *Libra*
un **balcon** *balcony*
une **balle** *ball*
un **ballon** *ball*
un **banc** *bench*
une **bande dessinée** *comic strip*

bas *bottom*
le **basket** *basket-ball*
un **basket** *trainer (shoe)*
un **bateau** *boat*
un **bâtiment** *building*
une **BD** *comic strip*
beau *beautiful, handsome, nice*
beaucoup *a lot, many*
un **bébé** *baby*
belge *Belgian*
la **Belgique** *Belgium*
Bélier *Aries*
belle *beautiful*
ben *well . . .*
un **berlingot** *kind of sweet*
bête *stupid*
une **bête** *beast*
du **beurre** *butter*
une **bibliothèque** *library*
bien *good, well*
à **bientôt** *see you soon*
la **bière** *beer*
bizarre *strange*
blanc, blanche *white*
bleu *blue*
du **bœuf** *beef*
bof! *don't know! don't care!*
bois *drink*
une **boisson** *drink*
boit *drinks*
une **boîte** *box*
un **bol** *bowl*
un **bon de commande** *order form*
bon, bonne *good, happy*
un **bonbon** *sweet*
bonjour *hello*
le **bord de la mer** *seaside*
bordeaux *dark red*
un **bouc** *billy-goat*
une **bouche** *mouth*
un **boulanger** *baker*
une **boulangerie** *baker's*
boules *bowls*
une **bouteille** *bottle*
la **boxe** *boxing*
une **brebis** *ewe*
la **Bretagne** *Britanny*
brille *is shining*
britannique *British*
brosse *brush(es)*
du **brouillard** *fog*
brun *brown*
un **buffet** *sideboard*
une **bulle** *bubble*
un **bulletin-réponse** *answer-form*
un **bureau** *desk*

ça *that*
ça alors! *good grief!*
le **cacao** *cocoa*
un **cadeau** *present*
du **café** *coffee*
un **cahier** *notebook*
une **calculatrice** *calculator*
calmez-vous! *calm down!*
un(e) **camarade** *friend*
le **camembert** *kind of cheese*
la **campagne** *country*
un **camping** *campsite*
un **canapé** *settee*
du **canoë** *canoeing*
une **cantine** *canteen*
Caraïbe *Caribbean*
un **cartable** *school bag*
une **carte** *card*
une **case** *space, square*
le **cassis** *blackcurrant*
ce *it, this, that*

la **CE** the EC
célèbre famous
cent hundred
un **centième** 100th
un **centime** 100th of a franc
une **cerise** cherry
un **CES** secondary school
ces these
c'est it's
une **chaîne** system
une **chaise** chair
une **chambre** bedroom
un **champignon** mushroom
un **championnat** championship
une **chanson** song
un **chantier** building site
de la **Chantilly** whipped cream
chaque each, every
du **char à voile** sand-yachting
la **charcuterie** cooked cold meat
un **chat** cat
un **château** castle
chaud hot
une **chaussure** shoe
un **chef** chief
une **cheminée** fireplace
cher, chère dear
cherche look(s) for
chéri darling
un **cheval** horse
une table de **chevet** bedside table
les **cheveux** hair
une **chèvre** goat
chez at the house of
un **chien** dog
la **Chine** China
chinois Chinese
un **chip** crisp
un **choc** shock
choisis, choisit choose(s)
un **choix** choice
choquant shocking
une **chose** thing
un **chou-fleur** cauliflower
un **cinéaste** film maker
cinq five
cinquante fifty
cinquième fifth
un **cirque** circus
un **citoyen** citizen
un **citron** lemon
la **citronnade** lemonade
bleu **clair** light blue
un **cobaye** guinea pig
coche, cochez tick
coché ticked
un **cochon** pig
un **cochon d'Inde** guinea pig
une noix de **coco** coconut
codot cluck
collectionne collect(s)
un **collège** secondary school
une **colonne** column
colorie colour in
combien how much, how many
un **commandant** commander
une **commande** order
comme like
commence begin(s)
comment how, what, what like
commode convenient
la **Communauté Économique Européenne** European Economic Community

complet full
compliqué complicated
composé de made of
compte count
un **comte** count
un **concombre** cucumber
un **concours** competition
la **confiture** jam
consacré devoted
construis build
content pleased
au **contraire** on the contrary
contre versus
un(e) **copain, copine** friend
une **corbeille** bin
un **correspondant** penfriend
la **côte** coast, chop
un **côté** side
à **côté de** beside
couche go(es) to bed
la **couleur** colour
coupé cut
un **cours** class, lesson
un **courtisan** courtier
un **coussin** cushion
couvert covered
un **couvre-lit** bedspread
un **crayon** pencil
créé created
une **crêpe** pancake
une **crêperie** pancake restaurant
des mots **croisés** crossword
un **croissant** croissant
la **cuisine** kitchen, cookery
un **cuisinier** cook
une **cuisinière** cooker
cultive cultivate(s), grow(s)
le **cyclisme** cycling

d' of, from, any
d'abord first
une **dame** lady
le **Danemark** Denmark
danois Danish
dans in
la **danse** dancing
de of, from, any
un **dé** dice
déchiffre decode(s)
découpe cut out(s)
dedans inside
un **défilé** procession
déjà already
le **déjeuner** midday meal
le petit **déjeuner** breakfast
demande ask(s) for
demi half
une **dent** tooth
depuis since, for
dernier, dernière last
derrière behind
des some, of the, from the
descend, descendez come(s) down
un **dessert** pudding
un **dessin** drawing
un **dessinateur** designer
dessine draw(s)
déteste hate(s)
deux two
deuxième second
devant in front (of)
devinez! guess!
les **devoirs** homework
difficile difficult
difforme deformed
dimanche Sunday
le **dîner** evening meal

veut dire means
en **direct** live
dis, dit say(s)
un **disque** record
dissimulé hidden
une **distraction** entertainment
divise divide(s)
dix ten
donc so, therefore
donne give(s)
dont whose
un **dossier** file
une **douche** shower
douze twelve
un **drapeau** flag
drôle funny
du of the, from the, some
un **duc** duke
dur hard

l' **eau** water
un **échange** exchange
une **école** school
l' **Écosse** Scotland
écoute, écoutez listen(s)
un **écran** screen
écrasé squashed
écris, écrit write(s)
s' **écrit** is spelt
écrivez write
Édito Editorial
une **église** church
un(e) **élève** pupil
élimine cross(es) out
elle she, it
une **émission** broadcast
l' **Emmental** kind of cheese
un **emploi du temps** timetable
ÉMT Craft, Design and Technology
en in, on, made of
une vente aux **enchères** auction
encore again
encore un(e) another
un **enfant** child
enfin at last, anyway
énorme enormous
l' **enseignement** education
ensuite next, then
enthousiaste enthusiastic
entière whole
entre between
entre, entrez come(s) in
une **entrée** entrance, starter
une **entreprise** firm
enveloppé wrapped
environ about
envoie, envoyez send(s)
ÉPS PE
équilibré balanced
l' **équitation** horse-riding
une **erreur** mistake
tu **es** you are
un **escalier** staircase
l' **escrime** fencing
l' **espace** space
l' **Espagne** Spain
espagnol Spanish
est is
et and
un **étage** storey
était was
un **état** state
l' **été** summer
une **étoile** star
l' **étude** private study
un **étudiant** student
euh er ...

exploser *to explode*
l' **extérieur** *outside*

fabrique *make(s)*
face *heads [on coin]*
facile *easy*
de toute **façon** *anyway*
fais, fait, faites *do(es), make(s)*
un **fantôme** *ghost*
la **farine** *flour*
un **fauteuil** *easy chair*
faux, fausse *false*
une **femme** *woman, wife*
une **fenêtre** *window*
le **fer** *iron*
une **ferme** *farm*
ferme *close(s)*
fermé *closed*
fermez *close*
une **fête** *special day, celebration*
un **feu d'artifice** *firework display*
un **feuilleton** *serial*
un **feutre** *felt pen*
février *February*
une **fiche** *worksheet*
une **fièvre** *temperature*
une **fille** *girl, daughter*
un **fils** *son*
la **fin** *end*
fini *finished*
finis, finit *finish(es)*
une **fleur** *flower*
flotte *float(s)*
un **flotteur** *float*
folklorique *folk*
une **forêt** *forest*
la **forme** *shape*
forme, formez *make(s)*
fort *strong*
une **fraise** *strawberry*
une **framboise** *raspberry*
un **franc** *franc*
français *French*
un **frère** *brother*
un **frigo** *fridge*
une **frite** *chip*
froid *cold*
du **fromage** *cheese*
un **fuseau horaire** *time zone*

une **galette** *savoury pancake*
le pays de **Galles** *Wales*
gallois *Welsh*
un **garçon** *boy*
une **gare** *station*
un **gâteau** *cake, biscuit*
le **gaz** *gas*
il **gèle** *it's freezing*
Gémeaux *Gemini*
en **général** *usually*
des **gens** *people*
gentil, gentille *kind*
gigantesque *gigantic*
une **glace** *icecream*
la **gloire** *glory*
une **gomme** *rubber*
le **goûter** *afternoon snack*
grand *big*
la **Grande-Bretagne** *Great Britain*
une **grand-mère** *grandmother*
un **grand-père** *grandfather*
la **grand-rue** *high street*
au **gratin** *with cheese*
grec *Greek*
la **grille** *grid*
gris *grey*

gros, grosse *big, fat*
le **gruyère** *kind of cheese*
la **guerre** *war*
un **gymnase** *gymnasium*

habille *get(s) dressed*
un **habitant** *inhabitant*
habite *live(s)*
une **habitude** *habit*
haché *minced*
un **haricot vert** *green bean*
haut *top*
hé! *hey!*
hein? *eh?*
un **hérisson** *hedgehog*
une **heure** *hour, time, o'clock*
l' **histoire** *history*
l' **hiver** *winter*
hollandais *Dutch*
un **homme** *man*
un **hôpital** *hospital*
une **horloge** *clock*
un **hôtel de ville** *town hall*
de l' **huile** *oil*
huit *eight*
bonne **humeur** *good mood*

ici *here*
une **idée** *idea*
il *he, it*
une **île** *island*
une **image** *picture*
n' **importe quel** *any*
l' **Inde** *India*
indique *indicate(s), show(s)*
infect *horrible*
l' **informatique** *computer science*
insupportable *unbearable*
je m' **intéresse à** *I'm interested in*
l' **intérieur** *inside*
irlandais *Irish*

j' *I*
jamais *never*
du **jambon** *ham*
janvier *January*
japonais *Japanese*
un **jardin** *garden*
jaune *yellow*
je *I*
un **jeu** *game*
un **jeu-test** *quiz*
jeudi *Thursday*
jeune *young*
joli *pretty*
joue *play(s)*
un **joueur** *player*
un **jour** *day*
une **journée** *day*
joyeux *happy*
juillet *July*
juin *June*
une **jupe** *skirt*
un **jus** *juice*

l' *the*
la *the*
là *there*
un **lac** *lake*
laid *ugly*
du **lait** *milk*
laitier *made from milk*
lance *throw(s)*
une **langue** *language*
un **lapin** *rabbit*
lave *wash(es)*
le *the*
une **leçon** *lesson*

la **lecture** *reading*
un **légume** *vegetable*
les *the*
leur *their*
lève *get(s) up*
la **liberté** *freedom*
une **ligne** *line*
lis, lit *read(s)*
un **lit** *bed*
un **livre** *book*
une **livre** *pound*
un **loisir** *leisure activity*
Londres *London*
une **loupe** *magnifying glass*
une **luge** *toboggan*
une **lumière** *light*
lundi *Monday*
la **lune** *moon*
la **lutte** *wrestling*
le **luxe** *luxury*

M. = monsieur
m' *[see p.157]*
ma *my*
madame *Mrs, madam*
mademoiselle *miss*
un **magasin** *shop*
un **magnétophone** *tape recorder*
un **magnétoscope** *video recorder*
magnifique *magnificent*
mai *May*
une **main** *hand*
maintenant *now*
un **maire** *mayor*
la **mairie** *town hall*
mais *but*
une **maison** *house, home*
une maison des jeunes *youth centre*
maman *mum*
mange *eat(s)*
une **mangue** *mango*
maquille *put(s) make-up on*
un **marchand** *vendor*
un **marché** *market*
mardi *Tuesday*
marque *mark, score*
marron *brown*
mars *March*
la **Marseillaise** *French national anthem*
un **mât** *mast*
du **matériel** *equipment*
une **matière** *subject*
un **matin** *morning*
mauvais *bad*
me *[see p.157]*
méchant *naughty*
un **méchoui** *North African meal*
un **médecin** *doctor*
même *even, same*
la **menthe** *mint*
la **mer** *sea*
merci *thank you*
mercredi *Wednesday*
la **mère** *mother*
mes *my*
mesdames *ladies*
messieurs *gentlemen*
met *put on*
la **météo(rologie)** *weather forecast*
des **meubles** *furniture*
miam! *yum yum!*
midi *midday*
le **miel** *honey*
mignon, mignonne *cute*
au **milieu** *in the middle*
mille *a thousand*

un	**milliard**	*thousand million*	un	**panier**	*basket*		**pour**	*for, to, per*
	minuit	*midnight*		**papa**	*dad*		**pousse**	*push(es)*
	minuscule	*tiny*	la	**papaye**	*pawpaw*		**pratique**	*practical, practise*
un	**miroir**	*mirror*	du	**papier**	*paper*		**précise**	*exactly*
	Mlle = mademoiselle			**Pâques**	*Easter*		**préféré**	*favourite*
	Mme = madame		un	**paquet**	*parcel*		**premier, première**	*first*
	moche	*weedy, wimpish*		**par**	*by, through*		**prend, prenez**	*take(s), eat(s)*
le	**modélisme**	*model-making*	un	**parfum**	*flavour*	un	**prénom**	*first name*
	moi	*me*		**parfumé**	*flavoured*		**près (de)**	*near (to)*
	moins	*minus*	un	**parking**	*car park*		**principal**	*main*
un	**mois**	*month*		**parlant**	*speaking*	une	**principauté**	*principality*
	mon	*my*		**parle**	*speak(s)*	le	**prix**	*price, prize*
le	**monde**	*world*		**pars, part**	*go(es) away*		**prochain**	*next*
tout le	**monde**	*everybody*	un(e)	**partenaire**	*partner*		**producteur**	*producing*
la	**monnaie**	*currency*		**participé**	*taken part*		**produit**	*produce(s)*
	monsieur	*sir, gentleman*		**participez**	*take part*	un	**produit**	*product*
une	**montagne**	*mountain*	une	**partie**	*part*	un(e)	**prof (professeur)**	*teacher*
tu	**montes**	*you go up*		**pas**	*not*	une	**promenade**	*outing*
une	**montre**	*watch*	le	**passage**	*passage, passing*		**propose**	*suggest(s)*
un	**monument**	*sight*		**passe, passez**	*pass(es), spend(s)*	un(e)	**propriétaire**	*owner*
	mort	*dead*	un	**passe-temps**	*hobby*		**prudent**	*careful*
la	**mort**	*death*		**patiemment**	*patiently*	un	**psychiatre**	*psychiatrist*
un	**mot**	*word*	le	**patinage**	*skating*	la	**publicité**	*advertisements*
un	**mouton**	*sheep*	une	**patinoire**	*rink*		**puis**	*then*
un	**mur**	*wall*	une	**patte**	*paw, foot*			
un	**musée**	*museum*	une	**pause**	*break*		**qu'est-ce que …**	*what …*
un	**mystère**	*mystery*		**pauvre**	*poor*		**quand**	*when*
			un	**pays**	*country*		**quarante**	*forty*
	n'	*[doesn't mean anything]*	les	**Pays-Bas**	*Netherlands*	un	**quart**	*quarter*
un	**napperon**	*serviette*	le	**Pays de Galles**	*Wales*		**quatorze**	*fourteen*
la	**natation**	*swimming*	la	**pêche**	*fishing, peach*		**quatre**	*four*
	ne	*[doesn't mean anything]*	la	**peinture**	*painting*		**quatre-vingts**	*eighty*
	né	*born*	une	**peluche**	*soft toy*		**quatrième**	*fourth*
la	**neige**	*snow*		**pendant**	*during*		**que**	*what, that*
	neuf	*nine*	un	**pépé**	*grandad*		**quel, quelle**	*what, what a*
	ni	*neither, nor*	un	**père**	*father*		**qui**	*who, which*
	Noé	*Noah*	un	**perroquet**	*parrot*		**quinze**	*fifteen*
	Noël	*Christmas*	un	**personnage**	*character*		**quitte**	*leave(s)*
	noir	*black*		**petit**	*small*		**quoi**	*what*
la	**noix**	*nut*	un	**peu**	*a bit*			
un	**nom**	*name*		**peut-être**	*perhaps*	un	**radis**	*radish*
	non	*no, not*	le	**phosphore**	*phosphorous*	du	**raisin**	*grapes*
le	**nord**	*north*	une	**photo**	*photograph*	un	**raisin sec**	*raisin*
	normalement	*normally*	une	**phrase**	*sentence*	une	**randonnée**	*walk*
	normand	*Norman*	la	**physique**	*physics*		**râpé**	*grated*
	notre	*our*	une	**pièce**	*coin, room*	se	**rase**	*shave(s)*
	nous	*we, us*		**pile**	*tails [on coin]*		**raye**	*cross out*
	nouveau, nouvelle	*new*	une	**piscine**	*swimming pool*	un	**rayon**	*ray*
la	**nouveauté**	*novelty*	une	**pistache**	*pistachio nut*		**réaliste**	*realistic*
un	**nuage**	*cloud*	un	**placard**	*cupboard*	une	**recette**	*recipe*
un	**numéro**	*number*	une	**place**	*place, square*		**recouvert**	*covered*
			une	**plage**	*beach*	la	**rédaction**	*editors*
un	**objet**	*object*	s'il te (vous)	**plaît**	*please*		**regarde, regardez**	*look(s), look(s)*
	obstiné	*obstinate*	la	**planche à voile**				*at, watch(es)*
	occupé	*busy*			*windsurfing*	une	**regle**	*ruler*
un	**œuf**	*egg*	un	**plat**	*dish, course*	un	**règne**	*reign*
un	**oignon**	*onion*	il	**pleut**	*it's raining*	la	**reine**	*queen*
un	**oiseau**	*bird*		**plié**	*folded*		**relance**	*throw(s) again*
	on	*one, you, we, they, people*	la	**pluie**	*rain*		**relie**	*join(s)*
un	**oncle**	*uncle*		**plus de**	*more than*	une	**religieuse**	*sort of cream cake*
	onze	*eleven*	en	**plus**	*in addition*		**remplace**	*replace(s)*
un	**opéra**	*opera (house)*	non	**plus**	*neither, either*		**remplis**	*fill in*
un	**orage**	*storm*	la	**poésie**	*poetry*		**rend**	*give(s) back*
un	**orangina**	*fizzy orange drink*	une	**poire**	*pear*		**rentre**	*come(s) back*
un	**ordinateur**	*computer*	des petits	**pois**	*peas*	la	**rentrée**	*back to school*
	originaire	*native*	du	**poisson**	*fish*		**répare**	*repair(s)*
	ou	*or*		**Poissons**	*Pisces*	un	**repas**	*meal*
	où	*where*	une	**pomme**	*apple*		**répond**	*answers*
	ouah-ouah	*woof woof*	une	**pomme de terre**	*potato*	une	**réponse**	*answer*
	ouais	*yeah*	du	**porc**	*pork*		**reste**	*stay(s)*
	ouest	*west*	la	**porcelaine**	*china*	le	**résultat**	*result*
	oui	*yes*	une	**porte**	*door*	un	**résumé**	*summary*
	ouvert	*open*		**pose**	*put(s) (down)*	tu	**retournes**	*you go back*
une	**ouverture**	*opening*		**posé**	*put*	un	**rétroprojecteur**	*overhead*
	ouvre	*open(s)*	une	**poule**	*hen*			*projector*
			du	**poulet**	*chicken*		**réveille**	*wake(s) up*
du	**pain**	*bread*	un	**pouls**	*pulse*		**révélé**	*revealed*
un	**palais**	*palace*	une	**poupée**	*doll*	au	**revoir**	*goodbye*